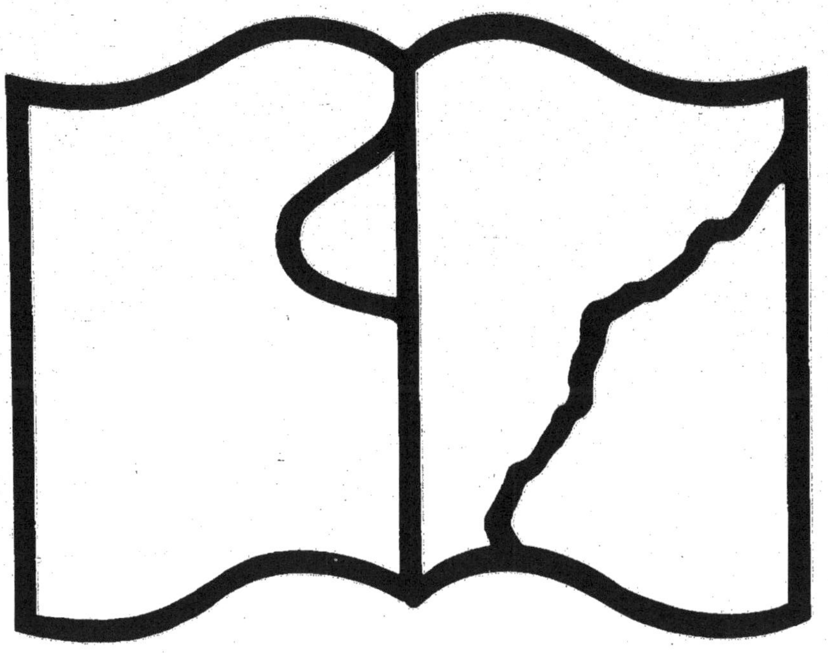

Texte détérioré — reliure défectueuse

NF Z 43-120-11

STÉPHANE DE RINKHOUT

Pages d'Histoire

sur les Comtes de Looz
et leurs descendants

*« Je n'ai pas besoin d'espérer
pour entreprendre, ni de réussir
pour persévérer. »*

GUILLAUME LE TACITURNE

BRUXELLES

VEUVE FERDINAND LARCIER, ÉDITEUR

26-28, RUE DES MINIMES

1914

Pages d'Histoire 

sur les Comtes de Looz
et leurs descendants

*« Je n'ai pas besoin d'espérer
pour entreprendre, ni de réussir
pour persévérer. »*

GUILLAUME LE TACITURNE

BRUXELLES

VEUVE FERDINAND LARCIER, ÉDITEUR

26-28, RUE DES MINIMES

1914

TABLE DES MATIÈRES

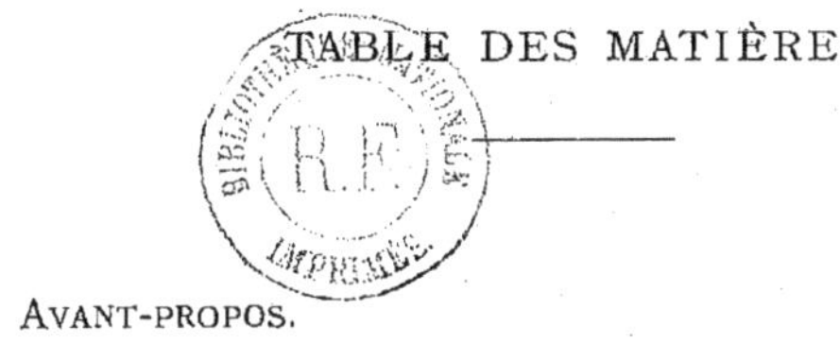

AVANT-PROPOS

A une époque où le besoin de vérité se fait sentir impérieusement dans tous les domaines, nous avons pensé que ces *Pages d'histoire* viendraient à leur heure.

Bien accueillies par les uns, elles déplairont aux autres. Mais qu'importe !

C'est, malgré leur imperfection, servir utilement la science que de les faire connaître.

L'Auteur.

Bruxelles, 27 mars 1914.

1

L'extraction des comtes de Looz

La grande majorité des écrivains, et avec elle le P. Mantelius, l'ancien historien du comté de Looz, et la *Généalogie des comtes de Looz et de Chiny*, par l'abbaye d'Averbode, le monastère célèbre qui doit son érection au comte Arnould II (1), et dont les chefs étaient revêtus des fonctions de gardes des sceaux perpétuels et de conseillers des anciens comtes, sont d'accord pour reconnaître, comme auteur des comtes de Looz, le prince Raoul ou Rodolphe de Hainaut, frère du comte Régnier III et fils de Régnier II (2) et d'Alix de Bourgogne, sœur de Raoul ou Rodolphe, roi de France.

(1) Ce prince est donné sous le nom d'Arnould V par Mantelius et la plupart des auteurs des XVIIIe et XIXe siècles. Nous avons adopté, dans ce travail, le nouveau rang numérique des souverains lossins, tel qu'il résulte des chartes du comté de Looz.

(2) François Vinchant et d'autres chroniqueurs donnent le surnom de *Long Col* à Régnier Ier et à Régnier II de Hainaut, mais il y a lieu de remarquer qu'ils ne distinguent pas Régnier II de Régnier III, dont ils font un seul personnage. On sait aujourd'hui qu'il y a eu cinq princes du nom de Régnier qui se sont succédés en Hainaut, au lieu de quatre, et que l'appellation de *Long Col* revient également à Régnier Ier (connu aussi sous les noms de *Régnier le Grand* et de *Régnier l'Ancien*) et à son petit-fils Régnier III. (Conf. Vanderkindere, *La Formation territoriale des principautés belges au moyen âge*, Bruxelles, 1902, II, p. 67, avec Jeantin, *Histoire du comté de Chiny*, Nancy, 1858, I, p. 164, et Butkens, *Trophées de Brabant*, 1637-41, p. 30; *Preuves*, pp. 12, 13 et 20.)

L'Almanach de Gotha de 1827 (p. 112) et le diplôme du roi Charles II d'Espagne, du 19 octobre 1677, donné en faveur d'Eugène-Maximilien de Hornes-Baucignies, sans pouvoir être cités comme des preuves dans le sens strict et rigide du mot, ne sont pas moins affirmatifs au sujet de l'extraction de cette vieille dynastie.

Le P. Hippolyte Goffinet, dans son *Étude historique sur les comtes de Chiny* (1); M. Edgard de Marneffe, dans ses *Recherches sur l'étendue et les limites des anciens comtés de Moha et d'Avernas* (2), et l'auteur des *Quelques notes sur les princes de Looz-Block*, Bruxelles, 1888, p. 99, apportent de nouveaux éléments à l'appui de cette thèse, qui avait été combattue par quelques écrivains ralliés à l'opinion de Blondelli (3), lequel donne pour chef aux princes de la Maison de Looz le fameux comte Immon ou Emmon, investi du *Luihgau* et du *Hespengau* ou *Haspinga* (4), et détenteur du château de Chèvremont, celui-là même qui fut la victime du stratagème employé par l'évêque Notger pour se rendre maître de cette redoutable forteresse (5).

Le chanoine Daris, dans son *Histoire de la bonne Ville, de l'Église et des Comtes de Looz*, Liége, 1864, fait table rase des écrits et témoignages anciens, et

----

(1) Annales de l'Institut archéologique du Luxembourg, 1874, VIII, p. 276.

(2) Bulletin de l'Institut archéologique liégeois, 1878, XIV, p. 252.

(3) *In pleniori assertione Genealogia Franciæ*, II, p. XC, n° 143.

(4) Partie sud de la Hesbaye orientale. Celle-ci comprenait le *Lossensis* ou comté de Looz, au nord, et le *Haspinga* ou Hesbaye proprement dite, au sud.

(5) Quelques notes sur les princes de Looz-Block, pp. 100 et 101; De Gerlache, *Histoire de Liége*, p. 51; Baron de Villenfagne d'Ingihoul, *Essai historique sur la vie de Notger*; le même, *Recherches sur l'histoire de la ci-devant Principauté de Liége*, I, Préface, pp. XII et XXVI; etc.

n'admet ni l'une ni l'autre de ces descendances. Il soutient, au contraire, que ces princes ne paraissent pas authentiquement avant 1015 et que l'on ignore de qui descend Giselbert et en quelle année et comment il devint comte de Looz (I, p. 385). Mais cet auteur, dont les écrits avaient trouvé un certain crédit, n'inspire plus assez de confiance. Il passe sous silence, en effet, la donation de l'alleu ou de la moitié de l'alleu de Chavency faite, en 956, par le comte Etienne à l'abbaye de Saint-Hubert, et souscrite par un comte Giselbert de Looz (1), et ne s'inquiète pas davantage d'une charte de 963 de l'évêque et du chapitre de Liége, signée vraisemblablement par le même prince, *Gisleberti comitis*, et relative à la fondation de l'église Saint-Martin en ladite ville (2). Ce n'est pas, d'ailleurs, la première fois que le chanoine Daris est surpris en flagrant délit d'affirmations erronées ou arbitraires. Le prince Edouard de Block, dans son bel *Armorial*

---

(1) « En la Vie de S. Hubert, dit Butkens (p. 53), est rapporté qu'en » l'an DCCCC. LVI. le Prince Raginier (Régnier III de Hainaut) se » trouua present auuec l'Archeuesque Brunon, Balderic Euesque de Liege » & *Gislebert Comte de Los* quand le Comte Estienne fit donnation à » l'Eglise de S. Hubert en Ardenne, & à Albert Abbé d'icelle de tout son » alleu de Caluency. »

Ce témoignage est difficile à contrôler en raison des *Vies de saint Hubert* qui ont vu le jour depuis le XVIᵉ siècle, mais il est *formel*, et les données en sont trop exactes, pour qu'il n'en soit pas tenu compte aussi longtemps que l'on n'aura pas établi, qu'il a été *tronqué* ou *dénaturé* par l'auteur des *Trophées de Brabant*. Or, rien de semblable n'a été fait, et il faut croire que les écrivains contemporains ont suivi l'*Historia S. Huberti*, publiée à Luxembourg, en 1621, par le P. Roberti, *Miraculum XX*, p. 99, —ou une des imitations de cet ouvrage,—qui donne la date inexacte de 955 et ne mentionne pas les territoires des comtes Régnier et Giselbert. On ne peut donc tabler sur leurs affirmations, pour infirmer le témoignage si *clair*, si *positif*, de Butkens.

(2) Martène et Durand, *Veterum scriptorum et monumentorum amplissima collectio*, Parisiis, 1724, I, 320, 321 ; Wolters, *Codex diplomaticus Lossensis*, Gand, 1849, nº 22, pp. 19 et 20.

des princes du sang royal de Hainaut et de Bra-
bant (1), pp. 99 et 100, et M. Vanderkindere, dans sa
Notice sur une charte de Baldéric d'Utrecht (2), ont
déjà signalé la *fantaisie pure* qui avait dicté quelques-
unes des conclusions du professeur de droit et d'histoire ecclésiastiques au séminaire de Liége.

Enfin, ce dernier écrivain lui-même, dans *La For-*
mation territoriale des principautés belges au moyen
âge (II, pp. 138 et 294), émet cette hypothèse nouvelle, que les comtes de Looz seraient issus non pas
de Rodolphe de Hainaut, enveloppé dans la disgrâce
de son frère Régnier III et mort comme celui-ci en
exil, mais de Rodolphe, neveu des précédents, et fils
de Névelong de Bétuwe et d'une fille de Régnier II.
Ce serait donc, d'après M. Vanderkindere, par les
femmes, et non par les hommes, que les comtes de
Looz descendraient des comtes de Hainaut.

Cette hypothèse du brillant historien est basée tout
entière sur une légende de Widukind et sur la similitude des noms de Baldéric et d'Emmon, que l'on
rencontre chez l'évêque Baldéric d'Utrecht (3) et le

---

(1) Une faute d'impression s'est glissée dans cet ouvrage, p. 86, où il
faut lire à l'avant-dernière ligne *1288* et non pas *1283*, date de l'achat des
droits du plus proche héritier du dernier duc de Limbourg, par Jean
le Victorieux. Mais ce n'est qu'en 1288 que ce prince, par la victoire de
Woeringen, put prendre définitivement possession de cette province.

A la page 172 du même ouvrage, il faudra également lire *1567-1578* et
non pas *1564-1578*.

(2) Bulletin de l'Académie royale de Belgique, *Lettres*, 1900, p. 41.

(3) Evêque d'Utrecht de 918 à 977.

C'est ce Baldéric, fils du comte Ricfrid de Bétuwe et frère de Névelong, qui fut d'après Van Loon (*Aloude Hollandsche Histori*, 1734, II,
pp. 141, 142 et 183) le précepteur de saint Brunon et non Baldéric Ier de
Liége, neveu de Régnier III et encore un adolescent, presqu'un enfant,
puer, quand il arriva à l'épiscopat. (Conf. Vanderkindere, II, pp. 68 et 134,
avec Butkens, p. 37, et Reiffenberg, *Histoire du comté de Hainaut*, édition
Jamar, I, p. 104.)

comte Immon ou Emmon, dont il a été question
plus haut.

Et la première question qui se pose est celle-ci :
comment pourrait-on admettre que, si Rodolphe de
Hainaut n'a pas eu d'enfants, les domaines patrimo-
niaux de ce prince soient passés à un fils de sa sœur
seulement, — en supposant établie l'existence de cette
dernière, — et non pas, au moins en partie, aux fils de
son frère, rentrés cependant dans l'héritage paternel?
C'est ce que M. Vanderkindere ne nous dit pas.

Nous nous trouvons en plein pays de *loi salique* et
jamais les fils de Régnier III, qui étaient les comtes de
Hainaut et de Louvain, n'auraient essayé une tentative
en vue de recouvrer des domaines de l'importance des
comtés de Looz et de Hesbaye (le *Haspinga* ou Hesbaye
propre), qui avaient de tout temps appartenu à leurs
ancêtres et leur revenaient donc de droit! Cela ne nous
paraît guère vraisemblable.

La légende de Widukind, qui attribue une fille
unique au comte Immon, ne vaut pas celle du château
de Chèvremont, attestée par des faits historiques que
l'on ne saurait nier, et qui ne connaît qu'un fils au
comte du *Luihgau*.

Quant au nom de Baldéric, on le retrouve également
dans la Maison de Louvain, sortie des comtes de Hainaut, et rien ne s'oppose à ce que celui d'Emmon se
rattache effectivement à la parenté des comtes de Looz
avec le précédent Immon, que d'Outreman ne balance
pas à compter parmi les neveux de Régnier II ou III
de Hainaut, et qui avait pour mère la sœur de saint
Gérard, évêque de Toul et fils d'Engelram (*Angil-
ramnus*) de Cologne, investi du territoire lossin sous le

roi Zuentibold (1). Peut-être aussi le nom d'Emmon
a-t-il été imposé par Emma de Namur, mère du comte
de ce nom et issue du sang royal de France par Ermengarde, fille aînée du duc Charles de Basse-Lorraine (2),
prétendant au trône des lis et *jure sanguinis*, roi légitime de France au décès de Louis V, son neveu, mort
empoisonné à vingt et un ans, après quinze mois de
règne (987), et surnommé *le Fainéant* par Hugues
Capet, afin de mieux asseoir son usurpation (3).

Le nom d'Othon est également fréquent chez les premiers comtes de Looz et de Duras et se rattache, soit
à Othon de France, frère d'Ermengarde, mort sans
postérité en 1005, soit aux empereurs de la Maison de
Saxe, alliés à Giselbert de Lotharingie, frère de Régnier II, soit encore à Hatto ou Otto, comte de Lone
ou Loene en 938-950-953, ancien comté situé sur le
Vecht et le Zuyderzée (4), et auquel la forteresse de

(1) Quelques notes sur les princes de Looz-Block, p. 101 ; Reiffenberg,
I, p. 114 ; Mantelius, *Historia Lossensis, Leodii*, 1717, p. 32 ; etc.

C'est ce qui explique probablement que les avoués de Cologne portaient,
à peine altéré, le *burelé d'or et de gueules* des comtes de Looz.

(2) Généalogie de saint Arnould, écrite en l'an 1261. (Voir Butkens,
Preuves, p. 4.)

(3) Tous les chroniqueurs sont muets sur les actes qui auraient pu
mériter au jeune Louis V, pendant son règne si court, le reproche de
fainéantise ou d'un simple penchant à l'indolence.

(4) Voir Van Loon, *Aloude Hollandsche Histori*, II, p. 176.

Le territoire de Loene fut confisqué en 953 et donné à l'Eglise
d'Utrecht. Cette date de 953 correspond très probablement à la construction de la forteresse du même nom en Belgique, car c'est en 956
qu'il est fait mention, pour la première fois, des comtes de Looz, et pour
la dernière des comtes d'Avernas. On sait aujourd'hui qu'Avernas est le
nom primitif de la contrée gouvernée par Rodolphe de Hainaut, dans le
sens restreint du mot, ou plutôt la résidence des comtes de la Hesbaye
orientale, avant le transfert de celle-ci à Looz, dans la seconde moitié du
Xe siècle. (Conf. Vanderkindere, II, pp. 130-131, 136-137 et 280-281, avec
Edgard de Marneffe, *Recherches sur l'étendue et les limites des anciens
comtés de Moha et d'Avernas*, p. 250 et suivantes.)

Looz (en flamand *Loon* ou *Loen*) a vraisemblablement
emprunté son nom. Notons que ce comte Otto ou
Othon de Loene était fils du comte Walger de Teisterbant (898-936), et que c'est précisément une Richilde
de Clèves ou de Teisterbant que la plupart des généalogistes donnent pour femme à Rodolphe de Hainaut,
comte de Hesbaye et premier comte de Looz (1) de cette
dynastie.

On pourrait en dire autant de ce nom de Rodolphe,
imposé par le roi Raoul ou Rodolphe de France (2),
beau-frère de Régnier II, et des noms de Giselbert et
de Régnier (René ou Renaud), que l'on rencontre
également chez les comtes de Looz, de Duras, de Hainaut et de Louvain, et qui, plus que d'autres, avaient
des raisons sérieuses pour être adoptés.

Ce n'est donc pas sur une similitude de noms seulement, qu'il faut baser une filiation. Le nom de famille
lui-même, celui de toute la race, quand il s'agit d'un
nom de terre ou de pays, n'est pas suffisant au moyen
âge. Il n'y a là qu'un indice, une présomption, si l'on
veut.

La succession aux domaines ancestraux est, *a priori*,
autrement importante, parce qu'elle implique aux héritiers la parenté agnatique ou par le père, de préférence à la parenté cognatique, *résultant des alliances*,
et nous sommes convaincu que Giselbert, qui est mentionné comme comte de Looz en 956 (3), c'est-à-dire du

---

(1) Nous entendons par cette expression le pays connu plus particulièrement, dès 956, sous le nom de comté de Looz.

(2) Butkens, p. 50.

(3) *Ibid.*, p. 53.

Ce Giselbert n'est à coup sûr pas le même que celui donné par cet auteur,
p. 138. Voir également Birnbaum, *Deduktion der Rechte des Herrn Herzogs Karl Franz Wilhelm Ferdinand von Looz-Corswarem auf das
standesherrliche Fürstenthum Rheina-Wolbeck, Aachen und Leipzig*,
1830, p. 160, et Jeantin, *Histoire du comté de Chiny*, I, p. 149-150.

vivant même de Rodolphe de Hainaut, avec l'archevêque Brunon (saint Brunon), l'évêque Baldéric Ier de
Liége et Régnier III de Hainaut, dans la donation de
l'alleu de Chavency à l'abbaye de Saint-Hubert, était
bien le fils du même Rodolphe, alors en possession de
la Hesbaye orientale et du *Maselant*, et qu'il ne signa
avec la qualité de *comte*, que parce qu'il avait été délégué par son père à la passation de cet acte ou parce que,
comme fils et héritier de Rodolphe, il avait été associé
au gouvernement de ce pays.

Au surplus, qu'est-ce qui prouve que Rodolphe ne
se trouvait pas, vis-à-vis de Giselbert, dans une situation identique à celle occupée par Pierre Mauclerc à
l'égard de son fils Jean le Roux et qui, malgré sa résignation au trône de Bretagne, avant son premier départ
pour la Terre-Sainte en 1237, n'en continua pas moins
à porter, conjointement avec ce dernier (1), le titre
ducal?

L'existence du comte Giselbert de Looz, qui dut
vraisemblablement son nom au duc Giselbert, son
grand-oncle, est encore attestée par une charte de
963 (2), où l'on s'est plu à reconnaître le comte Giselbert, frère de Baldéric II (3), qui n'apparaît que plus
tard dans l'histoire, et la certitude s'impose dès lors
que ce prince, que nous nommerons Giselbert Ier pour
le distinguer de son successeur, recouvra vers cette

---

(1) Quelques notes sur les princes de Looz-Block, p. 43.

(2) Voir Martène et Durand, I, 320-321, et Wolters, n° 22, pp. 19 et 20.
Van Loon (*Aloude Hollandsche Histori*, II, p. 276-277) donne également ce Giselbert comme le premier comte connu sous le nom de *Looz*.

(3) De Hofmann, *Recherches sur le légitime gouvernement des comtés
de Looz, d'Horne et de Nyel*, 3e édition, 1799, p. 5.
Une faute d'impression, dans cet ouvrage, a fait dire *993* au lieu de *963*,
et cette erreur a été reproduite par Jeantin, *Histoire du comté de Chiny*,
I, p. 284.

même époque (963), comme ses cousins de Hainaut un peu plus tard (1), la partie nord des domaines confisqués en 958 (le *Lossensis* et le *Maselant*), et que c'est dudit Giselbert ou de son frère Louis, si l'on s'en rapporte au témoignage de l'abbaye d'Averbode, de Placentius, de Mantelius et autres, que descendent les comtes de Looz subséquents et notamment Giselbert II, † après 1044, Arnould, comte de Hesbaye (*Haspinga*), † après 1034, et l'évêque Baldéric II, de Liége, † 1021 et non 1018 (2), que Pistorius qualifie expressément fils du comte Louis de Looz (3).

M. Vanderkindere connaît fort bien la donation de 956, puisqu'il en parle dans les comtés ardennais (4),

(1) Vanderkindere, I, p. 101 ; II, pp. 17, 25, 68, 77 et 136.

(2) Chevalier de Corswarem, *Mémoire historique sur les anciennes limites et circonscriptions de la province de Limbourg*, Bruxelles, 1857, p. 124. (Voir au sujet de cette mort la charte de 1020, de Baldéric II de Liége, dans le *Codex diplomaticus Lossensis*, nº 32, p. 26. C'est donc toujours après 1020 qu'il faut reporter le décès de cet évêque.)

(3) *Rerum Familiarumque Belgicarum Chronicon Magnum, Francofurti ad Moenum*, 1654, p. 97.

(4) Vanderkindere, II, pp. 234 et 240.

L'acte original a disparu. Mais il en existe la copie assez suspecte d'un fragment, portant la date inexacte de 955 (*Ibid.*, p. 241), et qui a été insérée notamment dans les *Acta Sanctorum* (t. Iᵉʳ de novembre, p. 827) et dans les *Chartes de l'abbaye de Saint-Hubert en Ardenne*, publiées en 1903 par M. Kurth (I, p. 9). Cette copie authentiquée en 1789 d'après une autre copie, authentiquée elle-même en 1708, porte les noms des comtes Régnier et Giselbert sans renseigner leurs territoires. (Voir plus haut, p. 11, note 1.) Les *Acta Sanctorum* (table, p. 953) n'identifient pas Giselbert, que M. Kurth fait *duc de Lotharingie* (table alphabétique, p. 692) et M. Vanderkindere, *comte du Chaumontois et du Méthingowe* (II, p. 235). Or, nous savons qu'Hedwige était veuve du comte Giselbert de Méthingowe en 939 (*Histoire de Metz*, III, *Preuves*, p. 62), et qu'en cette même année le duc Giselbert de Lotharingie s'est noyé dans le Rhin. Quoi qu'il en soit, et en admettant que Butkens ait forgé le nom de *Looz*, donné par lui à Giselbert dans la dite donation, il resterait à expliquer pourquoi Régnier, que M. Vanderkindere fait neveu de Giselbert et comte de Bastogne (II, p. 235), aurait eu, dans le document de 956, le pas sur son oncle, comte du vaste Chaumontois et du Méthingowe.

et cependant il n'en souffle mot (ne fût-ce que pour mémoire) dans le chapitre consacré à la Hesbaye orientale (comté d'Avernas, comté de Looz, II, p. 133 et suivantes). Il est vrai d'ajouter que ce document et la charte de 963 ruinent absolument le système de cet auteur et établissent, à n'en pas douter, la descendance en ligne masculine, et non féminine, des comtes de Looz de la Maison de Hainaut. C'est dire que l'on ne saurait accepter l'argumentation qui fait l'objet de sa *Notice sur une charte de Baldéric d'Utrecht*, si favorablement accueillie par l'Académie royale de Belgique (1).

Nous le demandons sincèrement : pourquoi le même écrivain admet-il, avec un engouement qui frise la légèreté, le conte de Widukind, et rejette-t-il nos vieilles chroniques locales et le témoignage de l'abbaye d'Averbode, si particulièrement en situation d'être bien renseignée sur l'origine des comtes de Looz, qui affirment non seulement leur extraction des comtes de Hainaut, mais donnent encore à Louis de Looz, le père de Baldéric II, la qualité de *comte* de ce pays (2), à Louis dont le nom, très probablement, a été imposé par le roi Louis d'Outremer, le second époux de Gerberge de Saxe, la veuve de Giselbert de Lotharingie et la tante, par conséquent, de Régnier III et de Rodolphe

---

(1) Il n'est pas possible, en effet, que Giselbert Ier eût signé, du vivant de Rodolphe, le document de 956 à un autre titre que celui de fils et d'héritier de ce prince, et sa rentrée en grâce résulte clairement de la charte de 963, qui nous le montre, dès cette époque, en possession définitive du comté de Looz. Il ne peut donc être question, dans l'ascendance masculine des souverains du *Lossensis* et du *Maselant*, d'un Rodolphe, fils de Névelong de Bétuwe et d'une fille de Régnier II.

(2) Ce n'est donc pas, comme le soutient gratuitement M. Vanderkindere (II, p. 138), Mantelius seul qui aurait inventé le comte Louis de Looz. Voir, au surplus, l'*Historia Lossensis*, p. 38.

de Hainaut, les deux frères que Flodoard mentionne en 944 parmi les *fidèles et partisans* dudit roi de France?

Les documents diplomatiques de cette époque, concernant le comté de Looz, ne sont pas nombreux, il est vrai ; mais cela prouve tout simplement que fort peu d'entre eux sont parvenus jusqu'à nous. Les causes de destruction n'ont, d'ailleurs, pas manqué dans un pays incorporé de force à l'évêché de Liége, en 1366 (1) et, depuis, si souvent envahi par des armées étrangères. Au reste, quel intérêt les évêques de Liége et leurs écrivains auraient-ils eu à inventer Louis de Looz? Si donc aucune charte, de celles qui ont échappé au naufrage du temps et des événements de guerre, ne constate l'existence de ce prince, il n'y a là rien qui nous doive surprendre.

Remarquons enfin, que le *Haspinga* ou Hesbaye propre s'étendant au nord jusqu'à Tongres (si l'on en excepte l'enclave de Russon ou *Rutten*, dont fait mention une charte de l'empereur Henri II, de 1018), Saint-Trond et Hougaerden (2),—et la construction en 1013 d'une forteresse en cette localité, par Baldéric II,

---

(1) Armorial des princes du sang royal de Hainaut et de Brabant, p. 117.

On sait que les troupes épiscopales s'emparèrent des archives du comté de Looz après la reddition du château de Rummen, qui fut ensuite livré au pillage et à l'incendie.

(2) M. Vanderkindere et les auteurs, en général, n'ont pas assez tenu compte des limites primitives des comtés de Looz et de Hesbaye, *celles des Xe et XIe siècles*, déterminées sans doute par l'ancienne chaussée romaine reliant Tongres et Neerhespen. Ces limites ont certainement subi des modications entre 980 et 1040, et il semble presque assuré que Giselbert II réunit, sans le consentement impérial, la Hesbaye au comté de Looz et au *Maselant*, à la mort de son frère Arnould qui n'avait pas d'enfants, et dont il devait se considérer comme le légitime héritier (1034-1035). Ce sont ces faits qualifiés d'*irrévérencieux* dans le document de 1035, publié par de Hontheim (*Historia Trevirensis*, 1750, I, CCXXIX, p. 366), qui auront indisposé Conrad II et engagé Giselbert, — que le monastère de Saint-Maximin de Trèves dit comte en Hesbaye, *in partibus Hasbanniæ*, —

en est la preuve (1),—il en résulte que le château de
Looz, et plus tard celui de Colmont, devaient pro-
téger au sud la frontière du *Lossensis* (2), et que c'est
donc le comté de Hesbaye, et non celui de Looz, qui
fut gouverné temporairement depuis la disgrâce de
Rodolphe, en 958, d'abord par Werner ou Garnier (3),
également investi du Hainaut et tué, comme l'on sait,
au combat de Péronne, lui livré en 973 par les fils de
Régnier III (4), et ensuite par Immon ou Emmon, le
comte du *Luihgau*, dont la mort peut être placée avec
celle de son fils en 980, l'année même qui correspond
à la prise du château de Chèvremont par l'ancien abbé
de Saint-Gall (5), et à l'obtention, par ce prélat, du
diplôme par lequel l'empereur Othon II, dont il avait
élevé le fils (6), confirma à l'Église de Liége tous les

à regagner les bonnes grâces de l'empereur moyennant la cession de ses
francs-alleux à Corswarem. Il est certain, d'autre part, que la Hesbaye,
à l'exception de la partie nord qui confinait au comté de Looz et fut laissée
en la possession de Giselbert, fit retour à l'Empire qui en disposa, en 1040,
en faveur de l'Eglise de Liége, à laquelle elle avait été unie de 980 à 1013
au moins. Notons ici qu'il n'y a aucune trace d'*approbation* ou de *confir-*
mation dans la charte de Henri III, et qu'il y s'agit bien du don de ses
droits en Hesbaye à l'évêque Nithard, en reconnaissance des services
rendus par ce prélat et en mémoire de son père l'empereur Conrad II. C'est
ainsi, nous semble-t-il, qu'il faut interpréter la charte de 1040 et la donation
des francs-alleux de Giselbert.

(1) Butkens, p. 72.

(2) Le fief royal de Jamine (*Gelmen*), situé au sud-ouest de Looz, *in pago
Haspengeuve in comitatu Werenharii*, dont il est question dans la charte
de l'empereur Othon le Grand de 966, ne faisait donc pas encore partie,
à cette époque, du comté de Looz. Le comté de Werner est donc bien le
comté connu plus particulièrement depuis sous le nom de *Haspinga* ou de
Hesbaye propre, qui formait l'une des quatre subdivisions de la Hasbanie
ou plus grande Hesbaye, dont il est question dans l'acte de partage de 870
entre Charles le Chauve et Louis le Germanique.

(3) Vanderkindere, II, pp. 73, 74, 137, 149, 249, etc.

(4) Butkens, p. 54; *Preuves*, p. 20. Voy. également : Reiffenberg, I,
p. 116, et Vanderkindere, II, pp. 69 et 137.

(5) Quelques notes sur les princes de Looz-Block, p. 100.

(6) Moke, *Abrégé de l'Histoire de la Belgique*, 8e édition, p. 52.

biens de celle-ci, en stipulant expressément que les
dits biens reposeraient dans les mains de l'évêque, à
l'exclusion de tout pouvoir public (1).

Qu'on ne l'oublie pas : la charte de 980 et la prise de
Chèvremont, la résidence et la citadelle des comtes du
Luihgau, marquent une étape importante et décisive
dans l'accroissement du pouvoir temporel des évêques
de Liége qui vont, dès cette époque, devenir des princes
puissants, grâce à l'appui que continueront à leur
donner les empereurs de la Maison de Saxe, fidèles à
la politique d'Othon le Grand, dont la confiance s'at-
tacha toujours de préférence aux chefs de l'Église.
Aussi, verrons-nous Notger acquérir successivement
le tonlieu de Visé en 983, le comté de Huy en 985, le
comté de Brugeron et l'abbaye de Gembloux en 987,
et proclamé, avec une touchante unanimité, l'un des
plus grands prélats de Liége.

Mais cet évêque remuant et ambitieux, exempt de
tous scrupules (2), ne parviendra pas, malgré ses succès et la faveur dont il jouit à la Cour impériale, à se
rendre maître du *Luihgau* et de la Hesbaye orientale
en entier. Les forteresses de Looz, au nord, et de
Limbourg, à l'est, vont servir de barrière à ses empiétements, et à sa mort (1008), comme par un juste retour
des choses, l'évêché de Liége sera donné à Baldéric II,
prince de la Maison de Looz, qui laissera vers 1014
— tout le démontre — à son frère Arnould, et comme

(1) Vanderkindere, II, p. 187.

(2) L'artifice raconté par Rupertus de Liége (Vanderkindere, II, p. 190),
et la prise de Chèvremont par Notger (De Gerlache, p. 51), en sont des
exemples. Il faut naturellement tenir compte de l'altération subie par ces
récits au cours des siècles, mais les faits sont là, *pertinents, palpables*.

Ajoutons cependant, à la louange de ce prélat, qu'il est le véritable fondateur de la principauté de Liége, et qu'il sut mériter l'affection des humbles
par une administration sage autant qu'utile.

une légitime restitution à sa famille, le gouvernement de la Hesbaye proprement dite, le *Haspinga* ou *Hespengau* (1), celui des comtes Werner et Immon, resté, depuis le décès de ce dernier (980), sans autres titulaires que l'Église.

Enfin, vers cette même année 980, nous trouvons en Flandre un troisième fils de Rodolphe de Hainaut, Gérard de Looz, qualifié comte d'Audenarde en 982, pas que cette ville fut précisément le siège d'un comté, mais plus vraisemblablement parce que Gérard était de famille comtale ou princière, frère et fils de comtes (2).

Voilà donc établie l'existence de deux, si pas absolument de trois des fils de Rodolphe de Hainaut, que l'on peut présumer avec raison être rentrés en grâce dès 963, et auxquels l'on semble pouvoir ajouter un quatrième fils, Arnould, comte de Valenciennes, réclamé avec le plus de fondement par les historiens du Cambrésis et du comté de Looz, et mort après 1011,

(1) Cet Arnould mourant sans enfants après son frère Baldéric II, la Hesbaye fit retour à l'Empire, avons-nous dit, à l'exception de la partie nord laissée par Conrad II à Giselbert (1035), et fut ensuite donnée à l'évêque Nithard par Henri III (1040). C'est dans cet acte et le transfert de quelques-uns de ses alleux à l'Eglise de Liége, en 1203, qu'il faut rechercher les liens de vassalité de la Maison de Looz et l'origine des prétentions, que formuleront plus tard les évêques, sur le patrimoine de leurs anciens protecteurs.

On sait que les comtes de Looz étaient les hauts-avoués de la cité épiscopale, et que cette avouerie fut cédée, en 1339, par Thierri de Heinsberg au duc de Brabant.

(2) Remarquons que Gérard de Looz est le seul des seigneurs d'Audenarde, — une des anciennes châtellenies de la Flandre, — qui prenne la qualité de *comte*. Voy. Warnkœnig, *Histoire de la Flandre et de ses Institutions civiles et politiques*, édition française, II, p. 145 ; Sanderus, *Flandria Illustrata*, III, p. 273 ; Armorial des princes du sang royal de Hainaut et de Brabant, pp. 36 et 95 ; Marquis de Magny, Nobiliaire universel, XV⁰ volume, *Généalogie de la Maison souveraine de Mansuarie*, p. 15-16 ; etc.

qu'aucun document probant n'autorise jusqu'ici à faire plutôt fils d'Arnould de Cambray que de Rodolphe de Hainaut (1), et dont la veuve est mentionnée dans la charte déjà citée de 1020, de Baldéric II de Liége (2).

La filiation et la parenté des premiers souverains du *Lossensis* pourraient donc se traduire comme nous l'indiquons dans le tableau ci-annexé.

Livrer les quelques données et considérations qui précèdent à la sagacité des historiens, c'est, ce nous semble, si pas dissiper complètement toutes les ténèbres qui enveloppent cette époque reculée de l'histoire du comté de Looz, en éclairer tout au moins un coin des plus obscurs.

---

(1) Voir Reiffenberg, I, p. 118.
(2) Wolters, *Codex diplomaticus Lossensis*, n° 32, p. 26.

ANNEXE

2*

ANNEXE

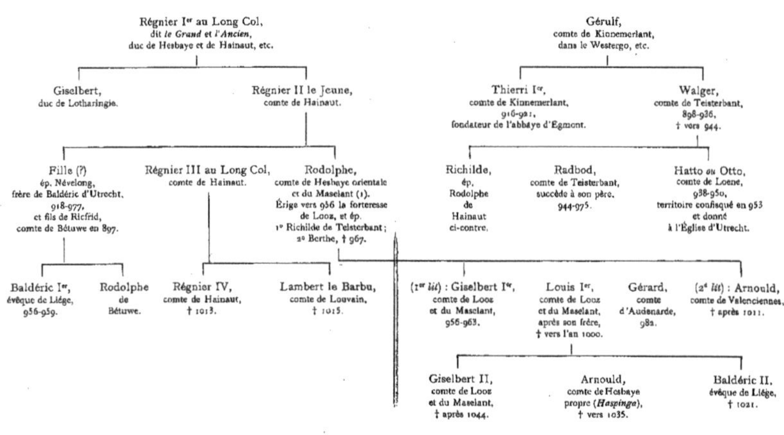

(1) La Hesbaye orientale comprenait, au nord, le pays connu sous le nom de *Lossensis Haspinga*. Après la disgrâce de Régnier III et de son frère Rodolphe (958), cette dernière avoué de l'abbaye de Saint-Trond en 959, et tué au combat de Péronne en 973, et, au décès depuis l'érection de la forteresse de Looz, et au sud, la Hesbaye proprement dite ou contrée, avec le Hainaut, fut gouvernée par le comte Werner ou Garnier, mentionné comme de ce prince, donnée au comte Immon ou Emmon, investi du *Luihgau* et mort en 980.

II

La Maison de Block et les premiers seigneurs de Loos lez-Lille

La Maison de Block, comme l'on sait, doit son surnom aux exploits militaires de son fondateur, Hugues de Looz-Ghoër, plus connu sous les noms de Berlo et de Block (1), l'un des hauts barons flamands du XIIe siècle.

Ce surnom de Block, synonyme de massue ou martel, et qui, dans le mâle langage des hommes du Nord, exprimait fidèlement la vigueur des coups qu'avait portés à l'ennemi la vaillante épée de ce seigneur (2), fut retenu par les descendants du preux chevalier et conservé à sa résidence ordinaire (3),

(1) Quelques notes sur les princes de Looz-Block, Bruxelles, 1888, p. 5o; Marquis de Magny, Nobiliaire universel, XXIe vol., Paris, 1892, *Généalogie des princes de Looz-Block*, p. 6-7; Tisseron, Annales historiques, LIe vol., Paris, 1884, *Précis historique sur la Maison de Block-Looz*, p. 42; etc.

(2) F.-V. Goethals, *Dictionnaire généalogique et héraldique des familles nobles du royaume de Belgique*, Bruxelles, 1849, I, p. 456; Thomas de Rouck, *Den Nederlandtschen Herauld*, Amsterdam, 1645, p. 332; etc.

(3) *Hugone Block, militis*, charte de l'an 1140 (Le Carpentier, *Histoire généalogique des Païs-Bas*, Leide, 1664, IVe partie, *Preuves*, p. 83); *Philips van Block, nobilis*, l'un des fils du précédent, 1165 (*Filiation des princes de Looz-Block*, preuves de la Ligne Noire, folios 10 et 61, *ms.* des Archives de la Maison de Block).—Depuis cette époque, ce nom se rencontre sous les formes les plus variées : Block, Blocke, Bloc, Bloce, Blok, Bloke, Blook, Bloock, Blocq, Bloecq, Blouck, Bloucques, Bloch,

suivant une très ancienne coutume germanique (1).

C'est là toute l'origine du village de Block ou Ten Block, en Flandre, qui prit le nom de Blockerke ou Block-Saint-Laurent (2), à la suite de l'érection en ce

Plock, Ploch, voire le Bloc ou le Blocq (en flamand : *den Block* ou *den Blocke*), etc., avec ou sans la particule.

Disons ici, d'accord avec Smallegange (*Beschryving van den Zeeland-schen Adel*, p. 4, donnée *in fine* de sa *Nieuwe Chronyk van Zeeland*, publiée à Middelbourg en 1696), que la Maison de Block est de noblesse flamande, *uit Vlaemschen Adel* comme le constate cet auteur, et nullement de noblesse zélandaise, quoique ayant également eu des possessions territoriales en Zélande et en Flandre, et notamment dans la région s'étendant au nord de Gand et de sa châtellenie : dans le Franc de Bruges, les Quatre-Métiers, Walcheren et le Zuid-Béveland. C'est ce qui justifie la présence de ses membres, au moyen âge, dans les vieilles Cours de Flandre et de Hollande, et ce qui explique, jusqu'à un certain point, les scrupules de Willem te Water, quant à l'unité d'origine des seigneurs de ce nom (*Het Hoog Adelyk en Adelyk Zeelant*, Middelburg, 1761, article *Block van Yrsikkendamme*), connus de temps très ancien dans la Zélande (Lantsheer et Nagtglas, *Zelandia illustrata*, Middelburg, 1879-1880, II, p. 534).

On sait, d'ailleurs, que cette province releva jusqu'à saint Louis des comtes de Flandre, comme partie intégrante de la Flandre impériale, et ne leur fut définitivement enlevée qu'en 1304, après le désastre naval de Zierickzée, qui préluda à l'accord intervenu en 1322 (Juste, *Histoire de Belgique*, édition Jamar, pp. 90, 133 et 179 ; Baron de Reiffenberg et Vandervin, *Histoire du comté de Hainaut*, III, p. 40-41 ; etc.).

(1) De ce qui précède, l'on peut conclure que Blocheym, localité hesbignonne située sur le territoire de l'ancien comté d'Avernas, à une grosse lieue au sud-ouest de Corswarem et de l'antique forteresse de Berlo, et que l'on trouve citée dès 1139 dans une charte d'Albéron II, évêque de Liége (Ch. Piot, *Cartulaire de l'abbaye de Saint-Trond*, Bruxelles, 1870, I, p. 49), aujourd'hui la commune et paroisse de Bléhen au nord de Lens-Saint-Remy, qui fit partie du concile de Waremme au XVIIIe siècle, aurait été, dans le principe, le *heym*, c'est-à-dire la demeure ou la propriété d'un seigneur honoré du même qualificatif et, vraisemblablement, de Hugues de Looz-Ghoër lui-même.

(2) *Sente-Laureyns-ten-Blocke int Ambacht van Maldeghem* (Archives de l'État, à Gand, Inventaire de Zéle, registre n° 490, *Schepene Kennissen, 1562-1578*, folio 87, acte du 16 août 1564) et *ten Block* sur la carte du Franc, dressée par Pourbus en 1562.

Il existait encore, au comté d'Alost, une autre terre avec château du

lieu d'un sanctuaire dédié à ce saint, célèbre dans le martyrologe de l'Église, et c'est là aussi l'étymologie qu'il convient de donner au nom guerrier, et à la fois religieux, de cette jolie localité du ci-devant Franc de Bruges (1), sise à mi-chemin des villes d'Eecloo et d'Aardenburg (autrefois Rodenburg), sur les bords du bras oriental de l'ancien Swin ou Zwyn (2), et formant aujourd'hui une très importante paroisse et commune

même nom, *'t hof ter Block* ou *ter Bloct*, enclavés dans les communes de Scheldewindeke et d'Oosterzeele et appartenant en 1463 à la famille Papal-Borluut (Archives de la ville de Gand, registres dits *Jaer-registers*, 1462-1464, folio 105).

(1) Ancienne contrée et châtellenie de la Flandre, remarquable par son étendue et sa richesse. Elle était bornée au nord, par le Hondt ou Escaut occidental ; à l'est, par les Quatre-Métiers et la châtellenie de Gand ; au sud, par les châtellenies de Courtray et d'Ypres, et à l'ouest, par la châtellenie de Furnes et la mer du Nord.

Ajoutons à propos de ce district quasi-indépendant, qu'après le meurtre de Charles le Bon (Charles de Danemark), les membres survivants de la famille des anciens châtelains vinrent se ranger sous les bannières de Thierri d'Alsace, pour l'aider à recouvrer le comté de Flandre, et obtinrent de ce prince la restitution de leurs biens. Thierri leur rendit encore, en 1133, la châtellenie de Bruges que Gervais de Praet avait reçue de Guillaume de Normandie. Mais les anciens châtelains, soit qu'ils se fussent décidés à y renoncer aussitôt après en avoir été remis en possession ou, ce qui est plus probable, qu'ils eussent préféré s'en désister seulement à la suite de l'entrée dans les ordres de Robert de Lisseweghe, nommé abbé des Dunes en 1138, et fils unique d'Hacket de Bruges, c'est la Maison de Soissons-Nesle qui en obtint le bénéfice après leur résignation. Jean II de Nesle, dernier châtelain, céda en 1224 la châtellenie, plus connue depuis sous le nom de Franc de Bruges et qui devint plus tard l'un des quatre membres de la Flandre, à Jeanne de Constantinople, pour la somme de vingt-quatre mille cinq cent quarante-cinq livres, six sols et huit deniers parisis. (Les princes de Looz-Block, leur origine, leur filiation, leurs droits, I, folios 99 verso et 214 ; *Ibid.*, II, folio 16 verso, *ms.* des Archives de la Maison de Block.)

(2) C'est dans cette anse étroite, ensablée depuis longtemps, que fut livré, en 1340, le sanglant combat de l'Écluse où fut détruite la flotte française par les vaisseaux réunis de l'Angleterre et de la Flandre.

de la Flandre Orientale (1), qui n'est plus connue, depuis la Révolution française, que sous le seul vocable de son patron.

Le village de Block-Saint-Laurent qui, avec le pays environnant, avait été impitoyablement ravagé par les Français en 1385 et incendié par les Anglais en 1436, fut entièrement submergé par les eaux de la mer en 1477, dévasté par les iconoclastes pendant la Réforme, et brûlé une seconde fois par les Français en 1683.

Son église paroissiale, encore remarquable, dépend du doyenné d'Eecloo depuis 1801, et ressortissait à celui d'Aardenburg, avant la prise de cette ville par le prince Maurice de Nassau, en 1604, et son abandon définitif aux Provinces-Unies, par le traité de Munster en 1648.

De l'édifice primitif, qui paraît remonter aux premières années du XIV⁰ siècle, époque à laquelle Block-Saint-Laurent, suivant les auteurs de la *Zelandia illustrata* (2), jouissait déjà d'une certaine notoriété, il ne reste plus que l'imposante tour quadrangulaire, sans aiguille, en forme de donjon carré, avec contreforts et tourelles défensives cylindriques, et quelques-uns des piliers intérieurs du temple. Celui-ci, ainsi qu'on le peut voir par le millésime ornant la façade septentrionale, fut agrandi et restauré, en 1555, dans le style ogival, et doté d'un chœur pourvu de trois chapelles absidales.

---

(1) Malgré le remaniement de son territoire qui lui enleva, entre autres, l'importante section de Moerstract ou Moerstrate en 1804, hameau ayant dépendu, semble-t-il, d'Assenede à la fin du XIII⁰ siècle (Van Lokeren, *Chartes et documents de l'abbaye de Saint-Pierre, au Mont-Blandin à Gand*, 1868, I, n° 944, p. 439), la population de Saint-Laurent accusait, en 1904, le chiffre coquet de 3,737 habitants, répartis sur une superficie de 2,140 hectares.

(2) II, p. 513.

La reconstruction de cette partie du monument commença dès 1554, comme le témoigne une inscription en caractères gothiques, que porte en relief une petite pierre commémorative encastrée dans la muraille de la nef latérale nord et dont le texte, qu'a très aimablement voulu nous faire tenir M. le curé de Saint-Laurent, est le suivant : « *Int jaer duust V^e ende LIIII, soo was* » *begonnen te fondeeren de drie chooren te Sente-Lau-* » *wereyns in Eremo, genaempt ten Blocke. Daer, in* » *dat jaer, was pastor Mr. Aernaut van Suudt, ende* » *Kerckmeesters Adriaen Hendricx Goedertier, Pieter* » *Pieters Bogaert, Jacob Gillis Neyts, Adriaen Jacobs* » *Heyne, Cornelis Claeys Immesoete, ende de ontfan-* » *ger van de selfde Kercke Franchois Cornelis Slab-* » *baert* (1). »

Remarquons également que le château de Block-Saint-Laurent (2), à l'ouest et à proximité duquel

___

(1) De Potter et Broeckaert, dans leur monographie de Saint-Laurent, p. 10 (*Geschiedenis van de gemeenten der provincie Oost-Vlaanderen, tweede reeks, arrondissement Eekloo, II^{de} deel, Gent, 1870-1872*), semblent ne pas avoir eu connaissance de cette inscription et, faute de documents et de notions archéologiques suffisantes, ont confondu l'époque de la construction de l'église Saint-Laurent avec celle de sa restauration et de son agrandissement, dont les traces sont encore visibles à l'intérieur du monument.

(2) Siège présumé de la seigneurie haute-justicière d'Hondtschen ou de Le Hondsche, avant l'acquisition de cette terre par les seigneurs de Maldeghem, dans la seconde moitié du XVIe siècle. On a peu de renseignements sur ce domaine important, qui s'étendait encore, en 1643, selon le relief qu'en fit alors Don Ferdinando de Zuñiga y Fonseca, jusqu'aux portes d'Aardenburg et englobait une partie des territoires de Sainte-Croix, en Zélande, et de Block-Saint-Laurent, d'Adeghem et de Maldeghem, en Flandre. Philippe de Block en était le bailli, en 1510-1513 (Gachard, Inventaires des Archives de la Belgique, Bruxelles, 1845, II, *Inventaire des archives de la Chambre des comptes, section V, comté de Flandre*, p. 393), et peut-être aussi le seigneur. Corneille d'Éecke ou van der Eecke, qui le possédait sous Philippe II, le vendit à Jacques de Claerhout, seigneur de Maldeghem, mort en 1567.

s'éleva l'église, preuve certaine de la haute antiquité du manoir féodal, portait le nom significatif de *Franckenburg*, littéralement burg ou château des Francs (1). Il n'en existe plus aujourd'hui qu'une des dépendances à front de la grand'rue, convertie en maison de rapport.

Revenant à la personnalité du fondateur de la Maison de Block, qualifié frère de Robert de Berlo ou de Berle (2) dans des chartes de 1135 et de 1296 d'Arnould II et d'Arnould V, comtes de Looz (3), nous ne croyons pas sans intérêt d'appeler ici même l'attention

(1) Les châteaux étaient souvent connus sous une appellation autre que celle du village ou de la seigneurie qui en dépendaient. C'est ainsi que le château de Bouchaute, dans les Quatre-Métiers, portait le nom de *ter Leyen en ter Heughen;* celui de Maldeghem *'t hof te Resynghe* ou *Reezinghe,* etc.

(2) Plus exactement Robert de Ghoër ou de Looz-Ghoër, sire de Berlo et du Château-Étienne à Corswarem, selon une charte de 1180 donnée par Miræus (*Opera diplomatica et historica, Editio secunda, Lovanii, 1723,* II, XXXIX, p. 831).

Ce Robert de Looz-Ghoër est encore cité sous le seul nom de Berlo ou de Berle : 1º dans les chartes de 1135 et de 1296, dont il est fait mention plus loin ; 2º comme l'un des barons (*baronibus*) de Louis II, comte de Looz, dans une charte de 1147-1155 de Géry, abbé de Saint-Vaast ; et 3º dans une charte d'Agnès, comtesse de Looz, et de son fils, le comte Gérard, datée du château de Berlo (*castro de Berlos*) l'an 1171.

Ces deux derniers diplômes ont été publiés par M. Ch. Piot, dans son *Cartulaire de l'abbaye de Saint-Trond,* I, nᵒˢ LIV et LXXXVII, pp. 74-76 et 114-116, et prouvent à l'évidence, une fois de plus, qu'il y a identité absolue de personnes entre Robert de Berlo (1135) et Robert de Looz-Ghoër, sire de Berlo et du Château Étienne à Corswarem, mort en 1180. La démonstration en avait d'ailleurs déjà été faite par le prince Édouard de Block, dans son *Armorial des princes du sang royal de Hainaut et de Brabant* (p. 99-100), et par l'auteur des *Quelques notes sur les princes de Looz-Block* (pp. 39 à 60), qui prouve également l'authenticité de la charte de l'an 1180 (*Ibid.,* pp. 103 à 117), discutée à tort par le baron de Villenfagne d'Ingihoul (*Essais critiques,* I, p. 83), dont l'opinion erronée avait fini par trouver des adeptes.

(3) Mantelius, *Historia Lossensis,* V, p. 103 ; Miræus, I, *Codex donationum piarum,* XC, p. 100 ; Wolters, *Codex diplomaticus Lossensis,* Gand, 1849, nᵒ 77, p. 44, et *Notice historique sur l'ancienne abbaye d'Averboden,* Gand, 1849, pp. 12, 80 et 110 ; etc.

du lecteur sur une publication récente de la Société d'histoire et d'archéologie de Gand, les *Régestes de Thierri d'Alsace, comte de Flandre*, par M. Hubert Coppieters-Stochove (1).

Cet écrivain cite précisément, au nombre des signataires de plusieurs chartes de ce prince, un Hugues de Loz, Los, Loos ou Loo (2). Or, s'il était établi que cet Hugues de Loz, quelquefois *de Aqua, Hugonis Aquensis*, l'un des barons de Thierri d'Alsace, *baronum meorum* dit la charte de 1159-1168 (p. 3o1), considéré par les auteurs belgiques comme souche des premiers seigneurs de Loos lez-Lille (3), était le même personnage que Hugues de Berlo ou de Berle, *Berlensis*, également baron de Thierri suivant la charte de 1153 (4), il en résulterait : .

1º Que Loos lez-Lille doit son nom à un prince de la Maison de Looz ;

2º Que Hugues de Berlo ou de Looz-Ghoër serait venu en Flandre avec deux de ses frères, non identifiés jusqu'à ce jour, Jean et Erbaut ou Érembauld de Looz (Voir les chartes de 1147 et de 115o, pp. 251 et 257) ;

3º Une preuve nouvelle de ce fait, que le même

(1) Annales de la Société d'histoire et d'archéologie de Gand, 1902, IV.

(2) Loos près de Lille, qu'il ne faut pas confondre avec Loo, localité située entre Ypres et Furnes, et appartenant à Guillaume de Loo ou d'Ypres, bâtard de Philippe, second fils de Robert le Frison, et compétiteur de Charles de Danemark au trône de Flandre.

(3) Dans les chartes : *Loz* ou *Los*, et *Laude* depuis le XIIIᵉ siècle. Voir Buzelin, *Gallo-Flandria, Duaci, 1625*, p. 379 et suivantes.

(4) Cette charte a été donnée *in extenso* par André du Chesne, *Histoire généalogique des Maisons de Guines, d'Ardres, de Gand et de Coucy*, Paris, 1631, Preuves du livre II de l'histoire de la Maison de Gand et de Guines, p. 104. Conférer ce document avec les *Acta Sanctorum*, tome I de mars, p. 197c, et Warnkœnig, *Histoire de la Flandre et de ses Institutions civiles et politiques*, édition française, I, pièces justificatives, V, 83, p. 333-334 ; etc.

seigneur continua à être mentionné sous les noms de
Looz et de Berlo jusqu'à ce que le surnom de Block,
qui lui est donné dans une charte de 1140, d'Arnoüld,
sire d'Audenarde (1), eût fini, en s'accréditant, par prévaloir définitivement chez ses descendants.

Notons que l'hypothèse indiquée ci-dessus, sur
l'identité possible de ces deux barons, n'a rien qui
doive surprendre, si l'on tient compte de l'éparpille-
ment des domaines féodaux — résultat inévitable des
alliances (2) — et de l'instabilité, à cette époque, du
nom patronymique dans les lignes cadettes d'une
même Maison (3).

Cela est si vrai, que nous voyons non seulement
Gérard, autre fils de Hugues de Looz-Ghoër qui précède, cité dans des chartes de 1198, de Henri le Guerroyeur, duc de Lothier, et de 1203 (v. s.), de Hugues,
sire de Voorne et burgrave de Zélande (4), sous les

(1) Le Carpentier, *Preuves*, p. 83.

(2) La résidence en Calaisis, dans la Flandre ancienne, de Hugues de
Block, *Hugonis Bloc de Calays*, autre fils du précédent, qui signa à
Aire, en 1180, une charte de Philippe d'Alsace, comte de Flandre, en est
un exemple. (Voir Haigneré, *Les chartes de Saint-Bertin*, Saint-Omer,
1886, I, p. 137.)
Il n'est peut-être pas inutile de rappeler ici, que la Maison de Looz
comptait, au XIIe siècle, plusieurs alliances avec des familles seigneuriales
de cette contrée, et notamment avec les comtes de Boulogne et les châtelains de Bourbourg et de Saint-Omer, pour ne citer que les plus connues.

(3) Voir à ce sujet : Thomas de Rouck, pp. 203 et 329 à 334 ; Ioncker
Matthiis van der Houve, *Hantvest of Chartre Chronyck*, Leyden, 1636,
I, p. 60-61 ; Baron de Stein d'Altenstein, *Annuaire de la Noblesse de
Belgique*, 1851, p. 72-73 ; Quelques notes sur les princes de Looz-Block,
pp. 22 à 24, 39 à 60, 110 et suivantes.

(4) Butkens, *Trophées de Brabant*, 1637-41, Preuves, p. 49, et la *Cro-
nica et cartularium monasterii de Dunis, Brugis, 1864*, CCCCIII, n° 504,
p. 482.
Signalons, en passant, outre l'erreur que fait le marquis de Magny
(p. 7), en disant *Henri de Voorne* au lieu de *Hugues de Voorne*, l'importance de la charte de 1203 pour les origines de la Maison de Renesse.
Thierri de Voorne, tige de cette famille, sortie des comtes de Sayn, de la
première race, et célèbre dans les fastes de l'État noble de la principauté de

seuls noms de Block *(Bloc)* ou de Looz *(Lon)*, mais aussi Godefroid et Enguerrand de Louvain, princes de l'illustre Maison de Brabant et fils de Guillaume, frère consanguin du même duc, mentionnés sous les seuls noms de Perwez ou de Grimberghe dans des chartes de 1230, 1238, 1247 et 1248 (1).

Un examen des sceaux des premiers seigneurs de Loos lez-Lille (à défaut de la mise au jour d'un document probant au sujet de la filiation de ces derniers) éluciderait indubitablement le point historique susvisé, et lui donnerait la solution qu'il comporte. Il ne faut pas oublier, comme le fait remarquer très judicieusement l'*Annuaire de la Noblesse de Belgique* (2), que le blason ou plus exactement les armoiries (3), *tenaient alors lieu d'état civil et jusqu'à un certain point, d'annales domestiques et de passeport* (4).

Liége et du comté de Looz, y est, en effet, qualifié frère du fameux burgrave, connu pour son dévouement aux intérêts de Louis III, comte de Looz et de Hollande, dans les démêlés de ce prince avec Guillaume, comte d'Ostfrise.

Ce document intéressant, qui a également été publié avec de légères variantes par Van den Bergh, *Oorkondenboek van Holland en Zeeland, Amsterdam en 's Gravenhage, 1866-1873*, I, n° 242, p. 141, paraît avoir été complètement ignoré par Kluit et, tout au moins, perdu de vue par Lantsheer et Nagtglas (II, p. 224), qui semblent n'avoir pas connu davantage la charte de 1153, et font avec Gualbert, auteur contemporain il est vrai, mais rempli d'erreurs et de contradictions, mourir Lambert de Rödenburg, qui est mentionné dans ce diplôme avec Hugues de Berlo ou de Berle parmi les barons de Thierri d'Alsace (*baronibus et hominibus meis* dit la charte), très exactement le 30 avril 1128 (II, p. 495).

(1) Butkens, *Preuves*, pp. 91, 226 et 227.

(2) Annuaire de 1848, p. 250.

(3) Le *blason* étant une science qui a pour objet la connaissance des *armoiries*, il faut se garder de confondre ces deux termes, ainsi qu'on le fait trop généralement. (Voir Rietstap, *Armorial général*, deuxième édition, Gouda, 1884, I, Introduction, p. VIII.)

(4) Voir au même sujet : *Beau traicté de la diversité de nature des fiefs en Flandres*, publié à Gand, en 1839, par Jules Kétele, d'après un manuscrit du XVIe siècle, p. 46-47, et les auteurs cités plus haut, p. 36, note 3.

3

On voit, par ce seul exemple, l'importance qui s'attache à la bonne conservation des sceaux anciens, et l'aide précieuse que peuvent apporter à l'historien la connaissance approfondie des armoiries et des lois qui les régissaient au moyen âge.

Enfin, en ce qui concerne plus spécialement le nom de Loz, Los, Loos ou Looz (en thiois : *Lon*, *Lone*, *Loen*, *Loyn*, etc.; en flamand moderne : *Loon;* en allemand : *Lohn*), rendu dans les chartes publiées par Buzelin et M. Coppieters-Stochove, par *de Loz*, *de Los*, *de Laude* ou *Laudensis*, voire *de Aqua* ou *Aquensis*, suivant le degré d'érudition ou de savoir du clerc chargé de les libeller, il convient de remarquer que Los (prononcez *Lô* ou *Loo*), vieux mot français qui signifie louange, a la même acception que le latin *Laus*, d'où *de Laude* et *Laudensis*, employés pour *Lossensis* ou *Lonensis*, formes thioise et française simplement latinisées et non traduites, usitées au comté de Looz. Quant à *Aquensis* et *de Aqua*, ces formes latines se rendent, comme l'on sait, par de l'Eau ou de Leau, mots d'un sens différent de celui de Los, mais qui ont *la même prononciation*. C'est ce qui explique les dissemblances orthographiques signalées, qui, à première vue, pourraient paraître *absolues* à quiconque n'est pas prévenu.

Nous clôturons ici cette note en appelant également l'attention du lecteur sur la très grande illustration des signataires de la charte de 1203, citée plus haut, et notamment sur les sires de Voorne et de Cats, qualifiés *princes* dans plusieurs documents de l'époque (1). Il en est de même de la plupart des signataires de la charte

(1) Kluit, *Historia critica comitatus Hollandiæ et Zeelandiæ*, Medioburgi, *1777*, Chronique d'Egmont, sous l'année 1203, pp. 177, 179 et 180. Voir, d'ailleurs, Smallegange, I, pp. 318 et 522; etc.

de 1140, d'Arnould, sire d'Audenarde, auxquels la même qualité est attribuée par d'autres documents (1).

C'étaient donc *tous* — et nous insistons sur ce mot — *de très hauts et très puissants barons*, et un dernier témoignage nous en est fourni par des chartes de 1273, de Guy de Dampierre, comte de Flandre et marquis de Namur (2), et de 1292, de Guillaume d'Avesnes,

(1) Pour en donner un exemple, conférer les chartes de 1140 et 1153 avec la charte de 1142, de Thierri d'Alsace, comte de Flandre (n° 62, p. 240-241, et Miræus et Foppens, IV, *Supplementum*, XXX, p. 201). Ajoutons ici que le marquis de Magny en avait déjà, lui aussi, constaté le fait (p. 7).

(2) Le Carpentier, *Preuves*, p. 32.

Ce prince n'était alors encore, à la vérité, que marquis de Namur, mais il était déjà virtuellement le maître de la Flandre, de par le décès sans enfants de son frère Guillaume, tué au tournoi de Trazegnies en 1251, et auquel saint Louis avait assigné cette province dès 1246, autant que par la volonté et le grand âge de Marguerite de Constantinople, dont le testament porte la date de cette même année 1273.

On sait que cette princesse mourut le 10 février 1280, après avoir fait reconnaître solennellement, en 1278, son petit-fils Jean d'Avesnes comme comte de Hainaut, et son fils Guy de Dampierre comme comte de Flandre (Baron de Reiffenberg et Vandervin, II, p. 244-245), bien que ce dernier se servît déjà de ce titre, dans les documents publics, *depuis l'an 1259 au moins*, et que l'histoire enregistra son neveu sous le nom de Jean II de Hainaut. C'est donc sans fondement que Wauters, avec sa légèreté habituelle (Table chronologique des imprimés concernant l'histoire de la Belgique, tome V, p. 516), dit de cette charte de l'abbaye de Saint-Aubert : « Il est inutile de faire ressortir la fausseté évidente de cet acte. »

Si, contrairement à l'hypothèse envisagée ci-dessus, Wauters ne trouve, pour justifier son allégation, que le seul fait de voir dans ce document un Jean Breydel et un Pierre de Coninck figurer parmi les chevaliers et écuyers de la Cour de Guy de Dampierre, là encore cet écrivain ferait erreur, même s'il était établi que ceux-ci fussent les héros populaires qui soulevèrent, en 1302, la Flandre contre la domination française. Nous savons, en effet, que Jean Breydel et Pierre de Coninck furent créés chevaliers devant le front des troupes, sur le champ de bataille de Groeninghe, et nous savons, d'autre part, d'après les lois de la chevalerie, que cette qualité ne pouvait alors être conférée qu'aux seuls nobles d'extraction. (Tous les auteurs et Le Carpentier, I, troisième partie, VII, *Des mots de Chevalier, d'Escuyer, de Valet, etc.*, pp. 33 à 36.) La conclusion s'impose donc, qu'outre la preuve certaine de la noblesse de race des familles Breydel et de Coninck, il résulte encore de ce qui précède que les deux *chevaliers*

évêque de Cambray et frère du comte Jean II de Hainaut (1), ainsi que par la relation contemporaine que nous a laissée l'abbé de Saint-Aubert des fêtes somptueuses données à Cambray, en 1385 (9 avril et jours suivants), à l'occasion du double mariage princier de Guillaume de Bavière (Guillaume IV de Hainaut) et de Marguerite de Bourgogne, et de Jean de Bourgogne (Jean sans Peur) avec Marguerite de Bavière, solennité où, dit ce prélat, — qui nous a transmis les noms des trois cents principaux grands seigneurs venus de France et de l'Étranger (2), pour assister aux dites noces, — *y eubt molt grant Noblesse, telle que jamais nul onck veit ensaulement.*

---

de 1302 pouvaient fort bien être les deux *écuyers* de la charte de 1273, et que ce diplôme, jusqu'à preuve du contraire, doit être considéré comme *authentique.* Juste (p. 149) semble donc dire avec raison des deux tribuns : « Tous deux étaient gentilshommes de la Cour du comte de Flandre, et » selon la coutume en vigueur alors dans toutes les villes de Belgique et » d'Italie, ils s'étaient fait inscrire dans les corporations des métiers, afin » d'obtenir sur le peuple une puissante influence. »

(1) Le Carpentier, *Preuves*, p. 36-38 ; Frans van Mieris, *Groot Charterboek der Graaven van Holland, van Zeeland en Heeren van Vriesland, Leyden, 1753*, I, p. 549-550 ; etc.

(2) Marquis de Magny, p. 10 ; Le Carpentier, première partie, X, p. 115 ; *Ibid., Preuves*, p. 51 et suivantes. Voir également Butkens, p. 504 ; Juste, p. 213 ; Baron de Reiffenberg et Vandervin, III, p. 108, etc.

III

Les Block de Duvenéede et d'Iersekendam

Nous avons vu que Willem te Water, dans *Het Hoog Adelyk en Adelryk Zeelant, Middelburg*, 1761, article *Block van Yrsikkendamme (Voorreede*, p. 49), avait émis un doute au sujet de l'unité d'origine de ces derniers avec les Block de Flandre (1).

Nous allons montrer combien peuvent errer les écrivains qui s'érigent trop facilement en censeurs de leurs devanciers, quand ils ne se donnent pas la peine de recourir aux sources pour contrôler un fait qu'ils soupçonnent ou croient exister.

Willem te Water et tous ceux qui l'ont suivi — *et ils forment légion* — donnent aux Block d'Yrsikkendamme, Yersekendamme ou Iersekendam, les armes pleines de la très ancienne et illustre Maison de Reimerswale, Roemerswael ou Rommerswael, éteinte le 21 janvier 1604, et qui compte, comme beaucoup de familles de la Zélande, de nombreuses alliances avec les familles de la Flandre.

Qu'il y ait là une erreur, ainsi qu'on le verra plus loin, la chose n'est que trop certaine.

Cette erreur nous est démontrée par les documents suivants et, notamment, par les armes timbrées ornant

(1) Voir *La Maison de Block et les premiers seigneurs de Loos lez-Lille*, p. 3o.

la pierre tumulaire d'Adrien Nicolay ou Nicolaï, dit
Marius, chevalier, conseiller de Sa Majesté au Grand
Conseil de Malines en 1541, chancelier du duché de
Gueldre et comté de Zutphen en 1548, et membre du
trop fameux Conseil des Troubles en 1567, mort à
Bruxelles le 21 mars 1568 et enterré à Malines, dans
la grande nef de l'église Notre-Dame-au-delà-de-la-
Dyle, avec sa femme, dame Élisabeth de Block de
Duvenéede, décédée le 23 octobre 1579.

Aussi, les auteurs des *Inscriptions funéraires et
monumentales de la Province d'Anvers* (VIII, 1903,
p. 322), ne s'y sont-ils point trompés. Loin d'avoir trouvé
sur cette pierre tombale — qui date de 1568 — *les deux
épées en sautoir des armes des Reimerswale,* ils ont
reconnu sur l'écusson en losange, presque entièrement
effacé, d'Élisabeth de Block de Duvenéede, *les empreintes parfaitement conservées de deux traits horizontaux*, qu'ils ont pris pour les traces d'une fasce, dont
ils n'ont pu indiquer les émaux.

A la vérité, c'était là commettre une nouvelle erreur,
que ces écrivains eussent pu éviter avec quelques
recherches ou une connaissance plus parfaite de nos
anciennes familles, mais qu'excuse cependant en partie
l'état de vétusté des dalles mortuaires de l'église Notre-
Dame.

Nous ignorons à qui incombe ou remonte le travail
de copie, peut-être assez ancien déjà. Quoi qu'il en soit,
qui n'admettrait facilement et avec infiniment plus de
raison, que l'on peut aussi bien et même mieux voir,
dans les empreintes des deux traits horizontaux pris
pour les traces d'une fasce unique, *les traces des deux
bords intérieurs ou plutôt celles des arêtes centrales des
deux fasces des armes de la Maison de Block,* cause de
cette lourde méprise ?

Ainsi se multiplient souvent, avec le temps, les *variantes* que l'on rencontre dans les armoiries d'une même famille.

Mais continuons.

D'après la généalogie des Reimerswale, publiée par Smallegange (1), Élisabeth de Block ou *Blocx*, dite *de Duvenvoorde* (*sic*), femme d'Adrien Nicolaï, était fille de Pierre, qui vivait en 1522, et de Quintine de Reimerswale, fille de Guillaume, dit *de Hollander*, seigneur de Nieuw-Stryen, et d'Élisabeth van der Does de Noordwyck, et petite-fille d'Adrien de Reimerswale, seigneur de Lodycke ou *Loodyk*, conseiller à la Cour de La Haye, et de Catherine de Herselles ou *Herzeele*, fille de Daniel et de Catherine de Poucques ou *Poucke*, et petite-fille de Catherine de Borsselen ou *Borssele* (2).

Or, Pierre de Block, père d'Élisabeth, qui n'est désigné que sous le seul nom de *Pieter Block* dans la généalogie des Reimerswale; sous celui de *Pieter Blocx* en 1526, parmi les héritiers et co-propriétaires de la seigneurie de Vosseméer dans l'île de Tholen; et, enfin, sous le nom de *Pieter Blocxzoen* en 1542, dans un document relatif à sa femme Quintine de Reimerswale et aux autres héritiers de la terre et château de Lodycke, et de l'ancien pays de Reimerswale, aujourd'hui submergés avec la ville du même nom (3), était apparemment le fils de Pierre Block d'Iersekendam, qui siégea en 1502 (4) à Middelbourg, avec les hauts-hommes ou

---

(1) *Nieuwe Chronyk van Zeeland*, 1696, pp. 704 à 707.

(2) *Ibid.*, p. 705. Voir également p. 476.

(3) Voyez Jacobus Ermerins, *Eenige Zeeuwsche Oudheden*, Middelburg, 1793, VII, p. 225; Lantsheer et Nagtglas, *Zelandia illustrata*, Middelburg, 1879-1880, II, pp. 19 et 370-371.

(4) Cette date n'a été mise en concordance avec le nouveau style par aucun des auteurs zélandais. C'est donc 1503 qu'il faut lire, et non pas 1502, car Philippe le Beau se trouvait à cette époque en Espagne, et ne rentra aux Pays-Bas qu'en 1503, année où il se rendit à Middelbourg.

chefs-hommes *(mansmannen)* de Zélande, à la Haute-Cour de Justice présidée par l'archiduc Philippe le Beau, père de l'empereur Charles-Quint. Et voici pourquoi : parce que nous le voyons en 1542 non seulement qualifié fils de Pierre de Block, *Pieter Blocxzoen*, mais aussi parce que *la seule alliance connue* des Reimerswale avec les Block est précisément *celle des Block d'Iersekendam* (1).

Mais le fait que les Reimerswale n'auraient eu que cette seule alliance avec les Block d'Iersekendam nous prouverait d'autre part, outre *l'identité* de ces derniers avec les Block de Duvenéede, dont la femme du chancelier de Gueldre porta le nom, que les Block d'Iersekendam, au lieu de porter les armoiries des Reimerswale, comme le veut Willem te Water, porteraient au contraire les armoiries des Block de Duvenéede, donc, vraisemblablement, *les deux fasces des Block de Flandre*, ainsi que nous l'avons vu par l'examen de la pierre tumulaire d'Adrien Nicolaï, auquel vient s'ajouter le témoignage décisif de l'auteur même de la généalogie des Reimerswale, *qui ne connaît, dans la noblesse zélandaise, qu'une seule famille du nom de Block*, les *de Block* issus de noblesse flamande, « *uit Vlaemschen Adel* » (2). Est-ce assez clair ?

Il s'ensuivrait encore qu'il faudrait voir dans Pierre Block de Duvenée ou Duvenéede, qui florissait en 1487, et que mentionnent également Willem te Water (3), et Lantsheer et Nagtglas (4), un membre de la même Maison de Block—peut-être le seigneur précédent de 1502—

(1) Conférer Reygersbergen, *Chronyck van Zeelandt*, Middelburch, 1644, II, p. 365, avec Willem te Water, *Ibid.*, texte de Jacob van Grypskerke, pp. 101 et 122.

(2) Smallegange, *in fine : Beschryving van den Zeelandschen Adel*, p. 4.

(3) *Voorreede*, p. 97.

(4) II, p. 21.

pour lors en possession, avec Jacques de Duvenéede, de l'importante seigneurie de ce nom, située comme celles de Lodycke et de Reimerswale dans le Zuid-Béveland, et engloutie par les eaux en 1530.

Ainsi se trouverait confirmée une fois de plus, à quatre cents ans d'intervalle, c'est-à-dire au XVIe siècle, *l'unité d'origine des Block de Zélande avec les Block de Flandre*, déjà constatée par Smallegange, et qui portaient encore tous deux, à cette époque, les mêmes antiques armoiries remontant au XIIe siècle, et qui les rattachaient aux anciens comtes de Looz.

Nous terminons cette note, que nous ne donnons ici qu'à titre documentaire, par l'inscription funéraire que l'on trouve sur la tombe de Malines :

1568.

Hier leyt begraven Heeren
Adriaen Nicolay Ridder Raedt
Co: M^t ende Cancellier in de Lande
van Gelre en Graefschape van
Zvytphen de welcke overleet
binnen der Stede van Brvssel den
XXI martii XV^oLXVIII en Vrovwe
Elisabeth Blocx va: Dvvenede zy:
hvysvrovwe die sterf
den XXIII dach van october an^o
XV° en LXXIX
Bidt voor de zielen

Ajoutons que le volume n° 234 de la Bibliothèque héraldique du Ministère des Affaires Étrangères, à Bruxelles, ayant pour titre *Plusieurs Épitaphes*, donne également au f° 78 le texte de cette inscription.

IV

Les Preuves de la Maison de Block

Le droit est *un*, le même pour tous,
sans distinction arbitraire de classes
ni d'individus.

L'examen du procès de 1910-1913 a fait l'objet d'un travail spécial. Nous n'en parlerons donc pas ici, pas plus que nous ne reviendrons sur les preuves fournies par la Maison de Block, lors du procès de 1886-1889.

Quant aux preuves qui avaient été jointes à l'appui de la requête en rectification d'état civil, introduite par Maître Victor Pierret le 7 août 1912, et qui n'ont pas été examinées, bien qu'elles fussent à la disposition des tribunaux depuis le 16 janvier 1911 (1), elles portent notamment sur les points suivants :

1° Authenticité de la charte de 1180 (2).—Sa confirmation par Hemricourt (3), dans *La Hasbanie en son lustre* (4), ainsi que par le témoignage des autorités

(1) C'est la date de leur remise entre les mains des avocats.

(2) Toutes les chartes dont il est fait mention dans les présentes *Preuves* sont citées, avec l'indication de leur source, dans le *Mémoire en cassation* ou dans la note qui précède : *La Maison de Block et les premiers seigneurs de Loos lez-Lille.*

(3) *Mémoire en cassation*, pp. 49 et 115.

(4) C'est le titre du *ms.* suivi par Jean le Carpentier, dans son *Histoire généalogique des Païs-Bas*, Leide, 1664, I, voir *Noms des principaux Autheurs qui ont servi à la perfection de cet ouvrage, Manuscrits*, et texte, IIIᵉ partie, II, p. 808.

reprises dans le Mémoire en cassation : *Quelques notes sur les princes de Looz-Block*, Bruxelles, 1888, pp. 103 à 117.

2° Conséquences de cette authenticité : titres confirmés et concédés aux Corswarem; leurs prétentions de *Princes et co-États de l'empire germanique* devant le Congrès de Rastadt. La diète de Ratisbonne les reconnaît *comme tels* et les dédommage, en conséquence, de leurs droits aux comtés de Looz et de Hornes par la création, en 1803, de la principauté de Rheina-Wolbeck, qui leur assura les droits d'égalité de naissance avec les Maisons souveraines.

3° Identité de Robert de Looz-Ghoër, sire de Berlo et du Château-Étienne à Corswarem, dont émane ladite charte de 1180, avec Robert de Berlo ou de Berle, l'un des barons du comté de Looz, cité dans des chartes de 1135, 1147-1155 et 1171, et rappelé dans une autre charte de 1296.

Cette identité se vérifie, d'ailleurs, par les armes des Berlo, par les écrits d'Hemricourt (1), les auteurs anciens et modernes, ainsi que par le héraut d'armes Le Fort, le *Mémoire en cassation*, pp. 13, 18, 26, 27, 29, 39 à 60, 94, 104 à 117, et les preuves qui suivent.

4° Hugues de Berlo ou de Berle, qualifié frère du même Robert dans les chartes précédentes de 1135 et 1296. Transfert de sa résidence en Flandre, où il est mentionné parmi les barons de Thierri d'Alsace, et son séjour à Rodenburg (1127-1153).

5° Identité de Hugues de Berlo ou de Berle (*Berlensis*) avec Hugues de Block (*Hugone Block, militis*), cité de pair avec les *princes* ou *hauts barons* d'alors,

---

(1) *La Hasbanie en son lustre* et le *Miroir des Nobles de la Hesbaye.*

dans une charte de 1140, et possessionné dans la même partie du pays.

Cette identité est établie plus loin, ainsi que par le *Mémoire en cassation*, pp. 14-15, 18, 26, 39 à 60, 75, 94 et 112 ; la note *La Maison de Block et les premiers seigneurs de Loos lez-Lille*, et les autres preuves qui vont suivre.

6° La filiation de cette famille, faite de nos jours par le Collège héraldique de France et appuyée de témoignages *probants* nombreux, vaut, sans conteste possible, la filiation de la Maison de Corswarem, aujourd'hui *de Looz-Corswarem*, dressée en 1733 par le héraut d'armes Le Fort.

Quoi qu'il en soit, elle se justifie par la possession séculaire, au XVIe siècle, par la Maison de Block, de sa noblesse et de ses armoiries (1), qui sont celles des *Looz-Ghoër-Berlo*, brisées suivant l'usage féodal.

7° La filiation, depuis cette époque, prouvée par les états de biens, les pierres tombales et quartiers, contrats de mariage, testaments, actes de l'état civil, etc.

8° Enfin, et comme conséquence à ce qui précède, la protestation de la Maison de Block, du 20 mai 1910, adressée au procureur du Roi contre l'action injustifiée des Looz-Corswarem (Comte Gaston, le duc Charles récemment décédé, les princes Charles — *duc actuel* — et Louis de Corswarem).

La thèse de l'Université de Göttingue, de 1795, en faveur des Corswarem (2), est applicable aux Block au

---

(1) Voir l'annexe *La Maison de Block reconnue authentiquement pour noble par les pouvoirs publics au XVIe siècle.*

(2) Frédéric-Guillaume de Hofmann, *Recherches sur le légitime gouvernement des comtés de Looz, d'Horne et de Nyel*, s. l., troisième édition, 1799, pp. 85 à 118.

même titre : *celui de leur extraction des anciens princes et comtes souverains de Looz, en ligne directe, masculine et légitime, et comme se trouvant donc également compris dans l'investiture première du comté princier de ce nom.*

Au surplus, ces derniers se réclament de *la revivification pleine et entière de leurs droits nobiliaires et agnatiques,* ainsi qu'on le verra plus loin.

Nous ajouterons, en ce qui concerne le baron de Villenfagne, que cet écrivain, dans ses *Recherches sur l'Histoire de la ci-devant principauté de Liége,* I, p. 217, dénie aussi aux princes de La Tour d'Auvergne, ducs de Bouillon, leur extraction des anciens comtes d'Auvergne, ducs d'Aquitaine, avec lesquels, selon lui, ils n'auraient eu rien de commun. Il convient de faire remarquer à ce sujet, que la Maison de La Tour d'Auvergne s'était fait remettre au congrès de Nimègue le duché de Bouillon, à titre d'héritière de la Maison de La Marck (*Ibid.,* I, pp. 135 à 138).

Il faut cependant reconnaître, en toute loyauté, que le baron de Villenfagne est dans le vrai quand il soutient, *Essais critiques,* II, p. 279 : « Ce Robert de
» Berle, ou de Berlo, dont on vient de lire le nom
» parmi les témoins qui ont signé cette charte (de 1213),
» étoit le frère cadet de Fastré de Berlo, Seigneur du
» Village de Berlo. Ce dernier est le père de Gautier,
» aussi Seigneur de ce Village, & de Robert de Cors-
» warem dont on trouve de même le nom parmi ces
» témoins & dont il sera plus amplement question
» dans la Charte suivante (de 1218). Voy. la nouvelle
» édition du *Miroir des Nobles de Haisbaye* de Jacques
» de Hemricourt, p. 86. »

Mais il ne faut pas suivre cet écrivain dans toutes ses déductions (*Ibid.,* pp. 285 à 287), ainsi que l'a

démontré l'auteur du *Mémoire en cassation*, pp. 1o3
à 113, et comme le reconnaît M. de Borman lui-
même dans son *Histoire du Château de Colmont*, 1862,
p. 43, note 4.

Enfin, pour montrer combien l'on se servait encore
peu en Flandre, au XVe siècle, de la qualification de
Joncker, gentilhomme, voire pour les membres des
familles de la haute noblesse, alors qu'en France et
en Wallonie, comme dans tous les pays latins du
reste, l'on était fort prodigue d'appellations pompeuses,
nous transcrivons ici quelques données relatives au
décès de Cornélie de Block et à celui de son époux
Tristan d'Halluin ou Haelewyn, fils de Guillaume,
sire d'Uytkerke, et de Marguerite Bonin (1), et petit-
fils de Roland, sire d'Halluin, gouverneur de Réthel,
et de Marguerite de Bruges de la Gruthuse. Ces données sont extraites de l'*Histoire d'Oudenbourg*, par
E. Feys et D. van de Casteele, Bruges, 1873, tome I,
XII, Église paroissiale :

p. 646. « Les anniversaires sont au nombre de cent
» soixante-dix-huit, dont quarante-huit avec distribu-
» tions aux pauvres.

» On y remarque les noms suivants :

. . . .

» Tristram van Halewyn et damoiselle Cornélie, sa
» femme, 23 mai ; »

p. 649. « Les chapelles renfermaient des tombeaux.
» Le touriste qui visita l'église de Saint-Pierre vers la
» fin du 16e siècle les a décrits, en ajoutant les armoi-

(1) Famille illustre de la Flandre. « Leur surnom fut Boonyn, très
» anchien, noble et puissant. » (Corneille Gailliard, *Le Blason des Armes*,
publié en 1866 par MM. Jean van Malderghem et Léopold van Hollebeke,
p. 52.)

» ries des personnages qu'ils renferment. Ces armoiries
» étant fort connues, nous nous dispenserons de les
» reproduire. Voici la description. »

p. 650. . . . .

« En une lame de cuivre sont ces armes et escripture
tenant la tombe eslevée :

*Sepulture van Tristran van Hallewin Willems zone,
die verleet int jaer 1474 up den 23sten dach in meye.
Bidt God over de ziele.*

*Hier lecht joncfr. Cornelie de dochter van Jan de
Bloc, Tristran van Hallewin wyf was, die versceet int
jaer ons Heeren 1489 den derden dach van lauwe.* »
(3 janvier 1489 v. s.)

Le tombeau du père de Tristan d'Halluin se trouvait aux Augustins, à Bruges. L'inscription funéraire
qui le décore est également des plus simples. La voici :

**Hier leghet Gulielmus Halewyn,
heere van Uytkerke, van Buggerboom ende van Sweveghem,**

**heeren 's hertogen van Bourgogne, graef van Vlaenderen,
die starf in 't jaer M.CCCC.LV,
den XIIII dach van Wedemaent.**
(14 mai 1455)

Quant au tombeau, M. J. Gailliard, dans ses *Éphé-
mérides brugeoises*, p. 353, nous en donne la description suivante :

« La porte du nord ouvrait sur la sacristie, dans
» laquelle se trouvait un beau mausolée en marbre
» noir, de style gothique. C'était celui de M. Guil-
» laume van Hallewyn, seigneur d'Uytkerke, Bugger-
» boom, Weeseghem (*sic*), etc., conseiller du duc de
» Brabant, comte de Flandre, lequel décéda le 14 mai
» 1455. Dans les niches pratiquées dans la table anté-
» rieure du tombeau, il y avait huit statuettes qui

» soutenaient des blasons aux armes dudit personnage.
» La statue du noble Seigneur, armée de toutes pièces,
» était couchée sur la table. Plus haut, l'œil s'arrêtait
» sur un bel ouvrage de sculpture, dont la partie supé-
» rieure offrait les armes spéciales de cet illustre per-
» sonnage, soutenues par deux anges agenouillés. Deux
» clochetons effilés s'élevaient aux extrémités du mau-
» solée. La table de ce monument se trouve, depuis
» 1827, dans la chapelle de Saint-Liévin à Saint-
» Sauveur (1). »

On sait que les ducs d'Halluin, marquis de Piennes
et pairs de France, de la création de 1587, sont descendus de Gautier, sire de Watervliet et châtelain de
Saint-Omer, frère du seigneur précédent (2).

Un autre exemple de cette grande simplicité qu'af-
fectait la haute noblesse de Flandre, nous est encore
donné par l'inscription qui se trouvait sur le tombeau
de Giselbert ou Guy de Block, chevalier, mort en 1410,
et enterré avec sa femme Alexandrine de Vaernewyck,
fille d'Alexandre, chevalier, sire de Bost ou Rooborst,
au pays d'Alost, et de Jeanne d'Utenhove (3), au milieu
de la chapelle de l'hôpital Saint-Aubert, dit *Poor-
tackere*, à Gand.

Le chanoine Hellin nous en a conservé le texte que
voici, et dit que cette inscription était encore lisible en
1764 (4) :

(1) Le guide de James Weale, *Bruges et ses environs*, 3e édition, 1875,
p. 104, donne aussi une description de ce monument.

(2) Voir *Les princes de Looz-Block, leur origine, leur filiation, leurs
droits*, I, Pièces justificatives, folios 14, recto et verso, 157 à 159 et 216 à
220 (*ms.* des Archives de la Maison de Block).

(3) Hellin, *Recueil généalogique et héraldique des Maisons très nobles
d'Allemagne*, etc., à la Bibliothèque Royale, à Bruxelles, Section des
manuscrits, Collection F.-V. Goethals, nos 746-754, tome 1er, p. 451.

(4) *Recueil des Inscriptions sépulchrales*, etc., à la même Bibliothèque,
Collection F.-V. Goethals, no 1524, tome VI, p. 297. Cette inscription

*« Hier light begraven Ghyselbreght de Block, Jans
sone, die starf in t' Jaer XIV^c...*

Bidt voor de Ziele.

*Hier licht Jo^e Alexandrine van Vaernewijck, San-
ders Dochter, Ghijselbreghts Block wijf was, die starf
in t' Jaer XIV^c...»*

*
* *

En dehors des preuves connues de la famille de
Block, et que l'on semble, autant que celles des Berlo,
des Corswarem et des Frésin, estimer aujourd'hui man-
quer de pertinence *indiscutable,* sans préciser davantage
cette allégation, abusive comme on le verra ci-après,
qu'il nous soit permis d'opposer aux lettres patentes des
Corswarem, *les actes de l'autorité souveraine de 1734,
1778 et 1825, qui les ont investis, en raison de leur
extraction, du nom de Looz et des titres qu'il comporte,*
la reconnaissance *motu proprio* des droits imprescriptibles de la Maison de Block à la dignité princière et
au nom primitif de ses ancêtres, *donnée le 3 avril 1890,
également en raison de son extraction,* par lettre auto-
graphe d'un prince de Battenberg, agissant en qualité
de *mandataire* de Son Altesse Royale le grand-duc
Louis IV de Hesse et du Rhin, pour lors chef des
princes du sang royal de Hainaut et de Brabant, tant

funéraire est encore donnée par Hellin, dans son *Recueil d'Épitaphes,* etc.,
p. 77, même collection, n° 1642, ainsi que dans le *ms.* n° 227 (p. 66)
de la Bibliothèque héraldique du Ministère des Affaires Étrangères, à
Bruxelles, mais avec une légère variante.

C'est vraisemblablement par erreur que Hellin donne à Giselbert ou
Guy de Block, *d'argent, à trois fasces de gueules,* à moins qu'il ne faille y
voir une brisure des armes de famille.

Voyez également *Les princes de Looz-Block, leur origine, leur filiation,
leurs droits,* I, Pièces justificatives, folios 14, 15, 155 à 156, 212 et 214
verso à 216; II, folios 4 verso et 5.

4

en sa qualité de souverain qu'en celle de chef de la seule
ligne encore régnante de l'illustre Maison de Hesse.

On ne peut, en effet, nier que cette reconnaissance,
toute irrégulière qu'elle soit au point de vue légal, mais
venant elle-même par le canal d'un ancien prince
régnant — le héros de Slivnitza, Alexandre Ier de Bul-
garie — est autrement importante et d'un poids beaucoup plus considérable dans la balance de la vraie
justice, que le rapport favorable d'un simple héraut
d'armes, qui se trouve à la base de la patente de 1734,
base des patentes subséquentes de 1778 et 1825.

Cette reconnaissance des droits des membres de la
Ligne Noire de la Maison de Block, à la qualité de
Princes de Looz-Block, leur venant d'un prince de leur
propre sang, descendant par les mâles de nos anciens
ducs de Brabant, bien qu'étranger à la Belgique
actuelle, ajoutée à leurs seize lettres royales et à leurs
trois cent vingt-six témoignages d'universités et de
corps savants librement consentis, constitue bien *un
fait nouveau* que l'on paraît vouloir méconnaître, tout
au moins en ce qui concerne le nom de Looz : *la revivification pleine et entière non seulement de leurs droits
nobiliaires dans la plus large acception du mot, mais
aussi de leurs droits au nom primitif de leurs ancêtres.*

Il nous faut dire ici que les Corswarem n'ont jamais
su établir leur propre extraction des comtes de Looz,
aussi bien que la Maison de Block l'a fait pour eux-
mêmes lors du procès de 1886-1889, par ce fait que,
voulant rester *seuls* à bénéficier de la situation acquise
en 1734, il ne leur avait pas été possible comme aux
Spontin, pour citer un exemple, aujourd'hui *de Beau-
fort-Spontin*, de faire état dans leurs *preuves* du témoignage *indélébile* que devaient leur procurer leurs armoiries, sans reconnaître par cette exposition franche et

loyale de leur filiation, qu'il y en avait d'autres, et notamment les Berlo, qui les précédaient dans l'ordre linéal et agnatique par eux invoqué (1), et qui devaient donc, en toute justice, passer *avant eux* pour les prétentions qu'ils se proposaient de faire valoir, au jour opportun, sur les comtés de Looz et de Hornes, et qui furent couronnées de succès en 1803.

Aussi, la fragilité des preuves de la famille de Corswarem, dépourvues de cet élément *essentiel et concluant* que sont les armoiries de *bon aloi*(2) dans des cas déterminés, mis en évidence par le *Mémoire en cassation* et l'*Armorial des princes du sang royal de Hainaut et de Brabant,* devait-elle permettre les attaques violentes dont cette famille fut l'objet de la part du baron Villenfagne et de M. Félix-Victor Goethals, et aller jusqu'à émouvoir M. Wauters et l'*Annuaire de la Noblesse de Belgique,* qui s'y rallièrent et s'en firent l'écho, *sans avancer une preuve quelconque* (3).

Nous le répétons et nous insistons sur ce point, qu'à part une rare exception, les ascendances remontant au moyen âge et leurs points de soudure à d'anciennes Maisons souveraines, n'ont jamais autrement ni mieux été établis que ne le sont aujourd'hui les filiations des Berlo, des Block, des Corswarem et des Frésin, tous

(1) Voir le *Mémoire en cassation,* note B, p. 24; *Armorial des princes du sang royal de Hainaut et de Brabant,* pp. 167, 173 et 182-183; *La Question de Looz-Block,* I, p. 29, note 1 (*ms.* des Archives de la Maison de Block, en deux volumes in-quarto de 137 feuillets chacun, rédigé en vue d'une action judiciaire); etc.

(2) Les armoiries remontant aux XIIIe, XIVe et XVe siècles sont réputées être de *bon aloi,* c'est-à-dire *vraies et sans fraudes,* et constituent donc un témoignage dont l'importance ne pourrait être *méconnue* que par des hommes manquant de science.

(3) *Annuaire de 1880,* Généalogie de la Maison de Berlo, p. 71-72, et *Table chronologique des imprimés concernant l'Histoire de la Belgique,* tome II, p. 598.

issus des anciens comtes de Looz, en dépit de tout ce que peut dire et soutenir de contraire un jugement ou un arrêt, quels qu'ils soient. Ceci n'est pas seulement notre sentiment personnel, mais c'est aussi l'avis de tous les héraldistes distingués qui ont eu connaissance du *Mémoire en cassation*, tels M. J.-B. Rietstap (1), le savant auteur de l'*Armorial général,* et autres dont nous pourrions produire les témoignages. On en peut d'ailleurs juger par les exemples nombreux cités dans le dit *Mémoire* et dans la note *La Maison de Block.*

Aussi l'université de Zurich n'hésitait-elle pas à déclarer à l'auteur de l'*Armorial,* en lui adressant ses compliments le 16 juillet 1908, que *la science ne tarderait pas à apprécier cet ouvrage,* paroles qui devaient trouver leur confirmation dans les trois cent vingt-six témoignages d'universités et de corps savants cités plus haut, entre lesquels il nous faut souligner ceux des universités de Liége, de Gand et de Strasbourg, et ajoutait que *la bibliothèque de l'université de Zurich était fière de compter l'Armorial parmi les dons scientifiques lui offerts.*

Ce que nous disions plus haut en ce qui a trait à la preuve héraldique, *essentielle* au moyen âge comme moyen de contrôle dans les assertions généalogiques, et notamment de 1100 à 1300, où les noms dits *patronymiques* étaient sujets à des changements dans les branches cadettes d'une même famille, est tellement vrai que, malgré les moyens puissants et les ressources de tous genres dont disposent les Hohenzollern, les deux branches existantes de cette Maison souveraine ne sont reliées, jusqu'à ce jour, que *par le seul appoint de leurs armoiries,* — le nom de famille, surtout quand

---

(1) Lettre de M. J.-B. Rietstap, du 27 février 1889. Voir *Les princes de Looz-Block, leur origine, leur filiation, leurs droits,* I, folio 89.

il s'agit d'un nom de terre ou de pays, n'étant pas suffisant à cette époque,—et doivent *avouer* qu'elles descendent *probablement l'une et l'autre* de deux fils issus du
mariage du comte Frédéric de Zollern, mort vers 1200,
avec Sophie, fille du dernier burgrave de la Maison
de Raabs vers 1191 (1).

*
* *

Avant de passer à l'examen des preuves rattachant la
Maison de Block à celle des anciens comtes de Looz, il
nous reste à dire encore un mot des généalogies en
général et de celle des Block en particulier.

On voudra bien admettre avec nous que :

1° Plus un travail historique ou scientifique quelconque est ancien, plus il a des chances d'être mal fait ;

2° Toute filiation qui n'est pas appuyée par chartes,
pierres tombales ou quartiers, reliefs de fiefs ou autres
documents publics ou écrits contemporains, est discu-
table, par le fait seul que ce travail ne constitue ou ne
représente alors que l'opinion personnelle de son auteur.

Cependant, il ne faut pas pousser la rigueur à l'*ex-
trême* : il faut qu'elle soit *raisonnée* et *intelligente*.

La Question de Looz-Block, I, p. 91, § des Généalogies, s'étend avec raison sur les remaniements constants
auxquels sont sujettes les filiations anciennes, *même
celles des rois*, par la mise au jour de documents *nouveaux*, inconnus des savants et généalogistes des XVIIᵉ
et XVIIIᵉ siècles.

Dans le même ordre d'idées, nous soulignons l'importance *capitale* de la connaissance parfaite et approfondie
des armoiries et des lois qui les régissaient au moyen
âge, pour l'aide précieuse que cette science, encore

(1) Voir l'*Almanach de Gotha*, de 1905, première partie, pp. 66 et 71.

trop négligée de nos jours, peut apporter à l'historien, à l'archéologue, au généalogiste, au numismate, à l'amateur, etc., quand il s'agit de *lever* un doute historique résultant du manque ou de la pénurie des documents.

Le *Mémoire en cassation*, pp. 22, 51 à 53, 58 et suivantes, nous montre, par des exemples nombreux, tout le secours que l'on peut attendre de la connaissance du blason *dans des cas déterminés*. Dans la note 1 de la page 46, l'auteur de ce travail ajoute que, jusqu'à ce jour, aucun historien, aucun généalogiste, n'avait pu se vanter d'avoir donné une filiation *absolument complète* d'une famille ancienne.

Tout cela est chose connue des savants, et c'est pour cette raison qu'ils sont souvent plus larges que les ignorants ou les demi-savants. Les exemples abondent d'ailleurs. Il suffit de confronter entre elles les diverses généalogies existantes des anciens comtes de Looz, offrant presque toutes des divergences assez accentuées et ne soufflant même pas mot des *Hornes*, des *Berlo*, des *Corswarem* et autres familles qui en descendent, voire des comtes et burgraves de *Reineck* ou *Rieneck*, propagés par le prince Louis, frère puîné du comte Arnould IV, et éteints en 1559 (1).

Le chanoine Hellin nous en donne un autre exemple dans ses deux généalogies des *Berlo* (2). Nous pourrions allonger cette liste et en dire autant du Père Anselme, dans sa généalogie des sires d'Aspremont, où les *Lynden*, aujourd'hui *d'Aspremont-Lynden*, ne sont pas seulement mentionnés, pas plus que les *Reckheim*, depuis *d'Aspremont de Lynden et de Reckheim* (3).

(1) Au reste, toutes ces généalogies, faut-il le dire, sont très incomplètes. Voir *La Question de Looz-Block*, I, p. 83.

(2) *Recueil généalogique et héraldique des Maisons très nobles d'Allemagne*, etc., déjà cité, tome II, pp. 278 à 290.

(3) *Le Palais de l'Honneur*, Paris, 1663, p. 287.

Enfin, dans la note *La Maison de Block*, et dans celle des *Block de Duvenéede et d'Iersekendam*, l'on peut voir ce qu'il faut penser des doutes émis par Willem te Water, dans *Het Hoog Adelyk en Adelryk Zeelant*, au sujet de l'unité d'origine des *Block* de Zélande avec ceux de Flandre.

Nous en arrivons maintenant à la postérité de Hugues de Berlo ou de Berle, dit de Block, sur laquelle Hellin et les deux extraits de Le Fort, que nous devons à l'obligeance de M. Schoonbroodt (1), et qui sont relatifs *aux Berlo et à leurs cadets les Corswarem*, sont également muets.

Mais, il se peut fort bien que l'un des deux hérauts d'armes Le Fort, dont les travaux généalogiques manuscrits sont nombreux, lui attribuent, par ailleurs, de la postérité fixée en Hesbaye ou au comté de Looz, et se taisent sur son passage en Flandre et la descendance par lui laissée dans ce dernier pays. C'est une *simple hypothèse* que nous émettons ici, et qui n'a rien d'impossible. Il faut bien, en effet, que nous recherchions les motifs que le gouvernement néglige de faire connaître, pour étayer son avis et justifier son attitude, malgré les *preuves indéniables*, connues par lui, de l'extraction de la Maison de Block des anciens comtes de Looz.

Et tout d'abord, les deux Le Fort ne sont pas *universels* et encore moins des *oracles*. Nous ajoutons *a priori*, que le fait n'aurait en soi *aucune importance*. Il prouverait tout simplement que l'auteur de cette généalogie — si elle existe — *ignorait* la filiation de cette Maison et les documents qui la concernent. Il y aurait, d'autre part, à examiner les preuves fournies à *l'appui* de cette allégation.

Mais allons plus loin. Admettons même que cette

(1) Conservateur des Archives de l'État, à Liége, en 1879-1880.

allégation soit justifiée. Cela prouverait-il que Hugues de Berlo ou de Berle, dont il n'est plus question en Hesbaye ou au comté de Looz, comme on le verra ci-après, *mais en Flandre et en Flandre seulement (où l'on chercherait en vain les noms de Berle ou de Block avant cette époque)*, n'est pas passé en ce dernier pays et n'y aurait donc pu laisser de postérité? *Aucunement!* Cela *établirait simplement* qu'un des fils de celui-ci, inconnu de nous jusqu'à ce jour, aurait hérité des biens de son père dans le pays d'origine de ses ancêtres, y serait retourné à cause de cet héritage, voire d'une alliance, et y aurait fait ou pu faire souche. *C'est tout!*

Quant à l'exil en Angleterre de François Ier de Block, l'aïeul de la Maison actuelle et le frère consanguin d'Élisabeth, sous le nom de *Frauncis Block*, lors des troubles religieux du XVIe siècle, et sa rentrée en Flandre, ils sont tout aussi bien *démontrés*.

François Ier, qui s'était réfugié à Colchester, dans le comté d'Essex, *n'acheta jamais* le droit de bourgeoisie en cette ville, *preuve qu'il ne comptait pas s'y fixer définitivement*. Il n'y séjourna, du reste, que de 1567 à 1578, avec sa seconde femme, son fils aîné Jean du premier lit, et les autres enfants qui naquirent en Angleterre, sans y laisser *aucun des siens* à son retour en Flandre (1).

(1) Selon les *Lists of Strangers at Colchester* de 1571, publiées en 1905 par *The Huguenot Society of London*, vol. XII, p. 97, il semble avoir été contraint, par les circonstances, d'ouvrir une teinturerie pour vivre.

Des exemples semblables abondent nombreux à la Révolution française. Beaucoup de nobles, leurs ressources épuisées, durent recourir, pendant l'Émigration, *à l'exercice des métiers les plus humbles*, afin d'assurer leur existence et celle de leur famille à l'Étranger. Nous pourrions citer des noms illustres en quantité, tels ceux du futur roi des Français, Louis-Philippe d'Orléans, des Montmorency, des La Rochefoucauld et autres. (Voir Victor du Bled, *Études sur la Société française du XVIe au XXe siècle*.)

Il en a été de même à l'époque des troubles religieux et, notamment, à

M. George Rickword, *F. R. Hist. S.*, le bibliothécaire de la ville de Colchester, a bien voulu examiner avec le plus grand soin, à notre demande, tous les registres existants des différentes paroisses de la dite ville jusqu'en 1600, et a pu nous en donner l'assurance formelle, en parfaite concordance, d'ailleurs, avec l'acte du 29 janvier 1578 des échevins de Gand (1), aplanissant les difficultés qui s'opposaient à la rentrée en Flandre de François Ier de Block et de sa famille. Ce document, en effet, interdit expressément à quiconque de les molester en leurs personnes ou en leurs biens : « *zo dat de voorseide Fransois de Blocq ter causen van aldien tot gheene daghe in persoone oft goede oft zijne naercommelijnghe en zullen werden ghemoeyt anghesproken off ghemolesteert in rechte oft daerbuten bij wien tzelve wesen mochte in eenegher manieren.* »

Nous avons donc *là encore* tous nos apaisements. Les autres parties de la filiation de la Maison de Block ne présentent aucune difficulté essentielle (2). Au surplus, comme nous l'avons dit plus haut, celle-ci se justifie par la possession séculaire, au XVIe siècle, par cette Maison, de sa noblesse et de ses armoiries qui sont celles des *Looz-Ghoër-Berlo*, brisées suivant l'usage féodal.

Identité de Hugues de Berlo ou de Berle,
avec Hugues de Block,
tige de la Maison de ce nom.

l'expatriation des Belges provoquée par l'arrivée du duc d'Albe dans les Pays-Bas. (Voir Théodore Juste, *Histoire de Belgique*, édition Jamar, livre VII, chap. Ier, p. 378 et suiv. ; chap. II, pp. 395, 398, etc.)

(1) Voir aux Archives de la ville de Gand, le registre dit *Jaer-register 1578-79*, 2me partie, f° 31.

(2) Voir notamment le *ms. Filiation des princes de Looz-Block*, Preuves de la Ligne Noire, Anvers, 1906, appartenant aux Archives de la Maison de Block.

On pourrait croire la famille de Block en possession du sceau de son fondateur Hugues de Looz-Ghoër-Berlo, frère de Robert, sire de Berlo et du Château-Étienne à Corswarem, et fils de Jean de Looz, sire de Ghoër, tige commune des Berlo, des Block, des Corswarem et des Frésin.

Il n'en est rien, comme bien l'on pense.

On sait, d'ailleurs, que la très grande majorité des sceaux appendus aux chartes du moyen âge sont perdus, brisés ou méconnaissables, ou encore ont été coupés ou enlevés à la Révolution française.

Que l'on se rassure cependant, car ni les Berlo, ni les Corswarem, ni les Frésin, ne sont ou n'étaient au moment de leur extinction en possession du sceau de Robert ou de Jean de Looz-Ghoër, pas plus qu'on ne possède leurs propres sceaux avant la fin du XIIIe et le XIVe siècle.

Les Block se trouvent donc ici sur un pied d'égalité parfaite avec les Corswarem, admis comme issus *authentiquement* (1)—nous soulignons ce mot—des anciens comtes et princes souverains de Looz par le Congrès de Rastadt et reconnus, en conséquence, pour *princes de l'empire germanique* par la diète de Ratisbonne, qui les *dédommagea* de leurs droits aux comtés de Looz et de Hornes, par la création pour eux, en 1803, de la principauté de Rheina-Wolbeck, faible compensation, il faut le reconnaître, pour une principauté de l'importance du seul comté de Looz qui *doubla*, en 1366, l'étendue de la principauté de Liége.

Tous les auteurs anciens — n'en déplaise à M. de

---

(1) L'*Almanach de Gotha*, de 1905, 2me partie, p. 167, admet également les Corswarem comme ayant leur *souche authentiquement prouvée* des anciens comtes de Los ou Looz, vers 1140.

Raadt (1) — sont d'accord sur ce point *essentiel*, et nous en appelons au *Mémoire en cassation* et au *Beau traicté des fiefs en Flandres* (2), que, par les armoiries — nous parlons ici *d'armoiries de bon aloi et d'une même région* — l'on peut généralement connaître *le lignage* auquel appartient une famille (3).

Et nous ajoutons qu'il ne peut exister de doute à ce sujet, quand les armoiries — cet emblème ou ce signe

(1) Voir dans *La Question de Looz-Block*, I, p. 78 et suivantes, la réfutation de la théorie nouvelle et tendancieuse de M. de Raadt, l'auteur des *Sceaux armoriés des Pays-Bas et des pays avoisinants*.

Ce travail de bénédictin serait des plus utiles s'il n'était si incomplet.

(2) *Mémoire en cassation*, pp. 39, 51-52 et la note 3; *Beau traicté des fiefs*, p. 46, 3me alinéa. Voir également l'*Annuaire de la Noblesse de Belgique*, de 1848, p. 250; Ioncker Matthiis van der Houve, Schiltknaep, Heer tot Campen, *Hantvest of Chartre Chronyck*, Leyden, 1636, p. 60-61, et *La Question de Looz-Block*, I, pp. 78 à 89.

(3) Nous ajouterons ici que, de même que les *Looz-Ghoër* se retrouvent à l'origine des Berlo, des Block, des Corswarem et des Frésin ou Vorssen, les *Hornes* se rencontrent à celle des Loef (qui reprirent le nom ancien), des Cranendonck, des Brouhèse, des Ghoor ou Goor et des Perwez *aux huchets*, ou de la seconde race seigneuriale connue sous ce nom.

La Maison des comtes de *Sayn*, de la première race, à celle des Voorne et, en conséquence, des Renesse, des Héenvliet et des Cattendycke ou Kattendyke.

La Maison de *Wassenaer*, des Santhorst, des Groenevelt, des Cranenburg, des Duivenvoorde ou Duvenvoorde et des Polanen.

La Maison de *Croisilles*, des Canny (de Normandie), des Lalaing, des Forvie, des Cartier et des Villers.

La Maison de *Beaufort*, des Fallais, des Gosnes, des Blosseville, des de Celles, des Spontin et des Villenfagne ou Villafans.

La Maison de *Maldeghem*, des Saemslach, des Iseghem ou Isenghien, des Ysendycke et autres.

Toutes ces familles conservèrent les armoiries de la Maison-mère, avec un simple changement ou une interversion dans les émaux, voire l'addition de quelque meuble ou d'une pièce héraldique.

Nous pourrions multiplier de semblables exemples à l'infini. Thomas de Rouck, Hemricourt et les *Trophées de Brabant* (édition de 1726) en citent un grand nombre.

Comme il n'y a pas de règle sans exceptions, il serait aussi absurde de ne pas tenir compte d'un facteur *aussi important* que celui de cette façon

distinctif qui *symbolisait* alors le nom et les droits imprescriptibles d'une lignée tout entière—viennent se fortifier, comme c'est le cas pour les Block, du *cri d'armes* dénonçant l'origine même de leur race.

La preuve de leur extraction se trouve donc ainsi *doublement faite*.

Le plus ancien sceau, à notre connaissance, que l'on trouve des Berlo remonte à l'an 1281; des Block à 1346; des Corswarem à 1357, et des Frésin à 1354.

Tous les quatre donnent *les deux fasces*, qui se perpétuèrent dans les trois premières familles jusqu'à nos jours et qui, leur venant *d'ancienneté* dès cette époque reculée, sont *incontestablement* les armoiries de leurs ancêtres et notamment de *Robert et Hugues, les deux fils de Jean de Looz*, sire de Ghoër, *le puîné* de l'illustre Maison des comtes de Looz, qui les prit à titre de *brisure* des armes paternelles suivant Hemricourt, un auteur du XIVᵉ siècle qui se flatte, dans le *Miroir des Nobles de la Hesbaye*, d'être un des *amis particuliers* du seigneur de Corswarem (1).

La preuve diplomatique est tout aussi *probante* que la preuve héraldique.

En effet, les Block sont cités *de pair*, dans les chartes des XIIᵉ, XIIIᵉ et XIVᵉ siècles, avec *les princes et les hauts barons*, ou avec les qualifications de *miles* ou de *Monseigneur*.

Le plus ancien de ces documents remonte à 1140.

Comme les Block ne tombèrent pas tout armés et

ancienne de briser, que de soutenir, *a priori*, que toutes les familles qui portent le même patronyme ou les mêmes armoiries ont une origine commune.

Tous les noms qui précèdent sont, d'ailleurs, donnés dans l'*Armorial général* de Rietstap, en deux volumes. Il n'y a qu'à ouvrir cet auteur.

(1) *Mémoire en cassation*, pp. 45 et 49.

éperonnés du ciel, c'est donc dans les familles princières, ou, tout au moins, dans les très grandes familles de l'époque, qu'il faut aller chercher leur origine et, notamment, dans celle de ces familles dont le nom s'est *doublement* perpétué chez eux, et par *leurs armes*, et par *le cri* de celles-ci.

C'est donc *chez les comtes de Looz*, d'accord avec les auteurs, et plus particulièrement *dans la branche des Looz-Ghoër*, sires de Berlo et du Château-Étienne à Corswarem, issus *par les femmes* des princes et sires de Diest, qu'on doit les retrouver (1).

Or, c'est *bien là précisément*, à la souche même de cette branche de Looz-Ghoër, que l'on *découvre* Hugues de Berlo ou de Berle, cité dans une charte de 1135 d'Arnould II, comte de Looz, comme *frère* de Robert —encore mentionné dans des chartes de 1147-1155 et 1171, et mort en 1180; — puis, *rappelé* en la même qualité de *frère* du dit Robert, dans une autre charte de 1296 du comte Arnould V, et dont l'on ne trouve *plus trace* en Hesbaye ou au comté de Looz que dans le nom de *Blocheym*, aujourd'hui *Bléhen*, vraisemblablement son ancienne résidence ou l'une de ses propriétés (2).

L'établissement en Flandre de ce cadet de famille et de sa postérité, nous donne l'explication du *silence* qui devait se faire autour de sa personne, dans son pays d'origine.

Hugues de Looz-Ghoër-Berlo apparaît, en effet, plein de vie et de santé, parmi les *barons* de Flandre, sous son nom *de Berle* ou *de Berlo*, dans une charte du

---

(1) *Mémoire en cassation*, pp. 39 et 40.

(2) Voir *La Maison de Block*, p. 30, note 1, et la charte de 1139 d'Albéron II, prince-évêque de Liége, dans Ch. Piot, *Cartulaire de l'abbaye de Saint-Trond*, I, p. 49.

comte Thierri d'Alsace de 1153, et dès l'année 1127, à l'époque de sa jeunesse et de son mariage, sous le même nom *de Berle*, dans Gualbert, *auteur contemporain*, qui le mentionne comme se trouvant dès lors à la tête de la seigneurie et des forces de Rodenburg : « *Ex Reddenburg Hugo Berlensis, et illius loci fortioribus* (1). »

C'est donc *occasionnellement* ou à la *demande* du comte Arnould II qu'il signa la charte de 1135, et cela explique que, ce n'est que dans ce *seul* acte du comté de Looz, et dans la charte de 1296 qui le *rappelle*, qu'on le trouve cité.

Enfin, Hugues de Berle ou de Looz-Ghoër est mentionné, *pour la première fois*, sous le surnom de *Block* dû à sa bravoure (2), dans la charte de 1140 d'Arnould, sire d'Audenarde, au nombre des plus puissants seigneurs féodaux et hauts barons de Flandre, *qualifiés princes* pour la plupart, dans d'autres diplômes (3), surnom qui, en s'accréditant, finira par *prévaloir définitivement* chez ses descendants.

Notons encore que c'est à Rodenburg, l'antique cité maritime de Flandre *largement ouverte aux étrangers*, que Hugues de Berle a sa résidence. Là, si l'on en croit les auteurs, il épousa la fille du seigneur qui appartenait à l'opulente famille des princes-châtelains de Bruges. Quoi qu'il en soit, ses possessions territoriales et celles de ses descendants, pendant les XIIIe et XIVe siècles, avaient leur siège principal *à Rodenburg et dans le pays environnant*, donc dans le Franc de Bruges et la Flandre impériale d'alors.

On nous objectera peut-être qu'il y avait aux portes

(1) *Mémoire en cassation*, p. 41.
(2) Voir *La Maison de Block*, p. 29.
(3) *Ibid.*, p. 39, note 1.

de Rodenburg un fief portant le nom de *Berle* ou *Baerle*, mais, comme on le sait, l'objection est *spécieuse*, beaucoup de terres n'étant anciennement connues ou spécifiées que sous *le seul nom de leurs possesseurs*, qu'elles conservèrent souvent dans la suite.

En résumé, nous trouvons, *pour justifier l'identité* de Hugues de Block avec Hugues de Looz-Ghoër-Berlo, *les faits et les actes pertinents suivants, donc indiscutables :*

1° Le *transfert* de la résidence de ce cadet de famille en *Flandre*, où il est mentionné entre les *barons* de Thierri d'Alsace en 1153;

2° Son séjour à *Rodenburg* depuis 1127 tout au moins, à l'époque de sa jeunesse et de son mariage;

3° La *haute situation nobiliaire* de Hugues de Block et de ses descendants, cités *de pair* avec les *princes* d'alors, dès 1140, et *possessionnés* dans la même partie du pays;

4° L'*identité absolue* des armoiries de Hugues de Berlo ou de Berle avec celles de Hugues de Block et de sa postérité, dont le *cri d'armes* Looz! ou Loon! vient *corroborer* la communauté *incontestable* de leur origine avec les *Looz-Ghoër-Berlo*;

5° Les autres circonstances de noms, de temps (la chronologie) et de lieux, *vérifiant* les données précédentes et *établies* par des documents *irrécusables* (1), à une époque où les noms de la noblesse commençaient à peine à *poindre* et étaient sujets à des *changements* dans les branches cadettes d'une même famille;

6° Les chartes de Hugues de Block et de ses descendants qui sont *plus importantes*, au moyen âge, au point

(1) Pour en donner un exemple, voir plus loin l'examen de la charte de 1171, qui est *décisif* au point de vue de la *pertinence indiscutable* des preuves de la Maison de Block.

de vue *nobiliaire*, que ne le sont celles des Corswarem, et *aussi belles* que peuvent les souhaiter les nobles les plus exigeants de la plus haute extraction ;

7° Le témoignage des auteurs, bien que *superflu* comme on le constatera ci-après, qui *vaut*, pensons-nous, celui d'un héraut d'armes du XVIIIe siècle.

Et l'on n'admettrait point comme *établie indiscutablement*, l'extraction de la Maison de Block des anciens comtes de Looz *au même titre* que l'on a admise celle des Corswarem, que l'*Almanach de Gotha* de 1905 — on l'a vu plus haut—signale avec raison comme ayant leur souche des souverains lossins *authentiquement prouvée*?

Ce serait *nier* l'évidence même !

Tout ce qui précède, de l'avis des hommes du métier, avait d'ailleurs déjà *très bien été établi* il y a vingt-six ans, dans le *Mémoire en cassation*, pp. 39 à 60, et ce n'est donc point s'aventurer que de dire, que les Block viennent avec *plus de preuves encore* que les Corswarem n'en ont eux-mêmes *jamais produites* pour la reconnaissance de leurs propres droits !

Identité de Robert de Looz-Ghoër,
sire de Berlo et du Château-Étienne à Corswarem,
avec Robert de Berlo ou de Berle, sire du dit lieu
et frère de Hugues de Berlo ou de Berle, dit de Block.
(Point d'attache avec les anciens comtes de Looz)

L'action des Corswarem est *intimement liée* aux légitimes revendications de la Maison de Block. Elle a pour but de répandre le doute sur les droits de cette famille, *nettement établis* dans le *Mémoire en cassation* et les autres publications qui la concernent, pour peu que l'on veuille examiner *avec soin* les documents pro-

duits. C'est un jalon posé en vue de l'action de cette
Maison, que l'on pressentait imminente; une nouvelle
réédition des manœuvres et intrigues qui eurent lieu
à l'occasion du procès de 1886-1889, et dont le résultat
le plus appréciable fut la déclaration d'*incompétence* qui
intervint alors.

Pour admettre tant soit peu le droit de *police* que
prétendent exercer les princes Charles et Louis de
Corswarem, il eût fallu que la Maison de Block fût
tributaire de leur famille; en d'autres termes, que
celle-ci ne se rattachât aux anciens comtes de Looz que
par les Corswarem. Or, cela n'est pas, puisqu'il est
démontré, par des actes *authentiques*, que les Block
apparaissent dans l'histoire dès *1140*, et que les Corswarem n'y entrent qu'en *1213 !*

Avant cette dernière époque, et pour autant que la
chose puisse être établie par les chartes, donc *authentiquement*, il n'existait pas de famille de Corswarem
proprement dite. Cette famille se confondait alors avec
celle de Berlo ou de Berle (1) et remontait à Robert de
Ghoër ou de Berlo, sire de Berlo et du Château-Étienne
à Corswarem, *souche commune* des Berlo, des Corswarem et des Frésin, et *frère aîné* de Hugues de Berlo,
dit de Block, *tige* de cette dernière famille.

Ce Robert et ce Hugues sont cités comme *frères* dans
une charte du comte Arnould II de Looz, de 1135, et
rappelés comme *tels* dans une autre charte du comte
Arnould V de Looz, de 1296. Ils *étaient*, d'après une
charte du même Robert de Ghoër-Berlo, de l'an 1180,
fils de Jean de Looz, sire de Ghoër, et de Sophie (de

---

(1) *Mémoire en cassation*, p. 43 et suivantes; *Annuaire de la Noblesse
de Belgique*, de 1880, Généalogie de la Maison de Berlo, p. 72; Baron de
Villenfagne, *Essais critiques*, II, pp. 279, 285 et 286; Goethals, *Miroir
des Notabilités nobiliaires*, I, p. 909-910; etc., etc.

Limbourg), et *petits-fils* d'Arnould Ier (ou IV d'après Mantelius), comte souverain de Looz, et d'Aleide (de Diest).

Et ici nous ouvrons une petite parenthèse : le laps de temps relativement assez long de quarante-cinq ans (preuve que beaucoup de documents sont perdus), qui existait entre ces deux chartes de 1135 et 1180, pouvait donner lieu à des controverses plus ou moins habiles, savantes même, au sujet de l'*identité* de ces deux Robert, *tous deux seigneurs de Berlo* (1). Cette lacune a heureusement été comblée par l'exhumation de deux chartes intercalaires inaperçues jusqu'à ce jour, mentionnant ce personnage *avec des détails propres à déterminer approximativement son âge,* et qui avaient été publiées dès 1870, par M. Charles Piot, l'ancien archiviste général du Royaume, dans son *Cartulaire de l'abbaye de Saint-Trond,* I, pp. 74 et 114.

La première de ces chartes est de 1147-1155, et émane de Géry, abbé de Saint-Vaast, d'Arras (France); l'autre, de 1171, la plus intéressante pour nous, est d'Agnès, comtesse de Looz, et de son fils le comte Gérard.

Ce document débute ainsi : « *In nomine sancte et individue Trinitatis. Agnes, comitissa de Los, et filius ejus Gerardus, comes, tam presentibus quam futuris in perpetuum. Lydico, scultetus de Burlo, cooperatione uxoris sue Lidgardis et consensu filiorum, VI bonuaria allodii sui et curtile attinens que habebat in villa Rosuth, dedit per manus nostras Benedicto, decano ecclesie Sancti Johannis, que est in insula Leodii, et canonico losensis ecclesie, in perpetuum dominium, tam ipsi quam successoribus ejus* », etc., et se termine comme ceci : « *Facta*

---

(1) C'est ce qui ne manqua pas, du reste, de se produire. Voir le *Mémoire en cassation,* p. 43, note 2.

est hec donatio in ipso castro de Berlos, Roberto presente, avunculo predicti Lidgardis et approbante, Hugone de Hasselth et fratre ejus Heriberto consentientibus, Ulrico de Byelrevelt, presente et aliis multis », suivi de la confirmation comtale.

L'examen du texte ci-dessus nous apprend :

1° Que Robert, tel qu'il est renseigné ici, c'est-à-dire comme étant *un personnage connu*, est certainement le *châtelain* de Berlo. Ce qui l'*établit*, d'ailleurs, c'est qu'il est *le seul Robert* du diplôme et *qu'aucun autre sire de Berlo* n'y est mentionné ;

2° Que ce Robert est *l'oncle maternel* de Lutgarde, *mère elle-même de grands fils,* Hugues et Herbert de Hasselt, *donnant leur consentement*, et qu'il devait donc *friser* l'âge du siècle, *comme l'établissait déjà l'auteur du Mémoire en cassation,* p. 40, § A, *en se basant* sur le document *contemporain* de Gualbert, *concernant* Hugues de Berle ou de Berlo, *frère* du dit Robert ;

3° Que le Robert de 1171 est donc le *même* sire de Berlo que *celui* des chartes de 1135 et 1147-1155 ;

4° Que cette charte de 1171, *datée du château de Berlo, comme la charte de 1180* de Robert de Looz-Ghoër, sire de Berlo et du Château-Étienne à Corswarem, « *ayant la mort devant les yeux, et se ressouvenant de ses péchés* », désigne bien le *même* personnage arrivé alors — *en 1180 disons-nous* — au *terme* de la vie ;

5° Que les témoins sont, *l'un Robert de Berlo ou de Berle*, l'oncle de Lutgarde et le grand-oncle des fils de celle-ci, présent et approuvant ; *l'autre Ulric de Byelrevelt ou de Binderveld*, tous deux *cités* — et incontestablement le premier — dans la charte de 1135.

Signalons, en passant, que Lydeco, le père de Hugues et Herbert de Hasselt, n'est *autrement désigné* que par ses fonctions *d'écoutète de Burlo ou Borloo.*

Les cinq points qui précèdent, ainsi *fixés authenti-*
quement, sont capitaux pour *l'identification définitive* de
Hugues et de Robert de Berlo ou de Berle, parce qu'ils
nous démontrent *clairement* :

A. Que le Robert de la charte de 1171 est non seulement le *même* que celui des chartes de 1135 et 1147-
1155, mais, *encore* le Robert dont émane le diplôme
de 1180 ;

B. Que le Hugues de Berlo ou de Berle du comté de
Looz est bien *le même seigneur* que le Hugues de Berle,
de Flandre, puisque le document de Gualbert et les
chartes subséquentes qui le concernent, corroborent
pleinement l'âge approximatif des deux frères, *fixé*
authentiquement par la charte lossinne de 1171.

La *corrélation* entre ces divers documents de provinces différentes est donc *parfaite* à tous égards, et
décisive quant à la *pertinence indiscutable* des preuves.

Ainsi se trouve *définitivement établie*, et sans conteste, *l'identité absolue* de Robert de Berlo ou de Berle
avec Robert de Looz-Ghoër, sire de Berlo et du Château-Étienne à Corswarem, et, *partant,* la filiation de
ce seigneur et celle de son frère Hugues, tige de la Maison de Block.

Il y a plus : les chartes de 1135, 1147-1155 et 1171,
viennent témoigner en faveur de *l'authenticité* de la
charte de 1180, de même que les chartes de 1294 et 1300
qui la *confirment*, tant en ce qui touche *la parenté con-*
sanguine des Berlo et des Corswarem, qu'en ce qui
regarde *leur extraction commune* des anciens comtes
de Looz (1).

C'est la mise au jour de ces documents *nouveaux*, en

---

(1) *Mémoire en cassation*, pp. 46 à 48, 59 et 112.

parfaite concordance avec *les preuves connues*, dans la note *Un mot sur les origines de la Maison de Block* (1), qui nous valut les aménités de M. de Borman (2), parce qu'ainsi *s'écroulait définitivement* la thèse soutenue par l'*Annuaire de la Noblesse de Belgique*, de 1880, p. 71, à savoir que les Bërlo — et naturellement ceux de cet *estoc*, les Corswarem (cités à la p. 72) et autres, *malgré la consécration des prétentions de cette dernière famille par la diète de Ratisbonne* (3), — ne tiraient « *nullement* » leur origine des anciens comtes de Looz !

Cependant, le *Mémoire en cassation* et l'*Armorial des princes du sang royal de Hainaut et de Brabant* ont suffisamment *établi* depuis, que les Bërlo, reconnus d'ailleurs, par l'*Annuaire*, comme appartenant à une *famille illustre et puissante*, pas plus que tous ceux de cette souche, n'étaient au-dessous de cette *haute extraction*, puisque rangés dans les chartes *parmi les princes et les grands seigneurs de leur époque* (4).

Nous ne reviendrons pas ici sur l'*identité* de Hugues de Berlo ou de Berle avec Hugues de Block, *prouvée* plus haut et dans le *Mémoire en cassation*, mais nous ajouterons, pour empêcher toute déviation possible du débat, que l'extraction de la Maison de Block des anciens comtes de Looz, *établie par des faits et des actes*

---

(1) Cette note a été tronquée par M. A. Habets, qui l'a publiée en 1907 dans *L'ancien Pays de Looz*. C'est le motif pour lequel nous l'avons insérée plus haut, *dans son texte primitif*, en en modifiant légèrement le titre.

(2) Membre du Conseil héraldique et auteur du *Livre d'Or de la famille de Borman*, l'un des anciens collaborateurs de feu le baron de T'Serclaes, qui dirigea longtemps l'*Annuaire de la Noblesse de Belgique* ; aujourd'hui président du même Conseil et fait récemment baron.

(3) *Armorial*, p. 183.

(4) Voir le *Mémoire en cassation*, pp. 75 et 111 à 114, ainsi que l'*Armorial*, pp. 53 et 166.

*pertinents indiscutables, et aussi bien que l'est aujour-
d'hui celle des Corswarem,* descendus également de
cette famille souveraine, ne saurait *justifier* à aucun
titre, *autre que celui de l'arbitraire ou d'une conception
erronée de la question,* l'ingérence de ces derniers dans
les affaires *privées* de la dite Maison, comme le démontre
clairement la protestation adressée au procureur du Roi
le 20 mai 1910 (1).

D'ailleurs, il tombe *sous le sens* que les Maisons de
Block et de Berlo (famille dont descendent les Corswarem et les Frésin) étant issues de deux frères, Robert et
Hugues, fils d'un puîné des anciens comtes, *les droits
des Block et des Corswarem aux nom et qualités de
leurs ancêtres communs sont nécessairement les mêmes.
C'est élémentaire !* Il n'y a pas à sortir de là. *Toute autre*

(1) Voir *La Question de Looz-Block*, I, p. 105.

Disons ici que les de Celles, qui avaient repris le nom *de Beaufort* avant
les Spontin, n'ont jamais inquiété ces derniers *pour avoir fait usage du
droit dont ils avaient usé eux-mêmes.* La même constatation est à enre-
gistrer en ce qui concerne les de Locres ou Lokeren, qui avaient repris le
nom *de Béthune* (les Béthune-Sully) longtemps avant les des Plancques,
anoblis à tort, en 1606, aujourd'hui les Béthune-Hesdigneul. Il était réservé
aux Corswarem d'avoir une autre compréhension du droit d'autrui ! Et
cela sans avoir pu établir *le leur propre* que par l'exhibition de leurs
patentes, *qui ne constituent pas seulement une preuve de leur extraction
dans le sens strict du mot.* C'est un comble !

Remarquons encore que les Corswarem, témoin leur généalogie parue
en 1726 dans le *Supplément* à la dernière édition des *Trophées de Brabant,*
avaient également repris le nom *de Looz* huit ans au moins avant l'admission régulière de celui-ci, pour les deux frères *Louis et Joseph de Corswarem seulement* (1734), et leur élévation en même temps au rang de *ducs de
Looz-Corswarem et de Corswarem-Looz !*

Enfin, devons-nous ajouter que, si les chevaliers de Corswarem (la
branche reconnue le 10 janvier 1847) sont sortis de Libert, fils puîné
d'Arnould VII *de Corswarem,* et non pas *de Looz* comme le mentionne
abusivement l'*Annuaire de la Noblesse de Belgique,* de 1850, p. 221, ce
sont les chevaliers et *non* les ducs et princes de Looz-Corswarem actuels,
ni même ceux de la création de 1734, qui représentent la ligne aînée de
leur Maison ?

thèse est à côté de la question et ne peut se justifier par aucune considération *quelle qu'elle soit!*

Nous ajouterons qu'il ne saurait y avoir *usurpation là où il y a propriété* et que *le seul empiétement sur le droit d'autrui vient ici — comme toujours — des Corswarem* (1).

Il résulte, d'autre part, des *armoiries* des Berlo, des Block, des Corswarem et des Frésin — *qui sont des faits —*, ainsi que de *l'ensemble* des témoignages d'Hemricourt, de del Rey, de le Carpentier, de de Rouck, de Hellin, de Jalheau, du baron de Villenfagne (*Essais critiques*, II, pp. 279 et 285 à 287), de Félix-Victor Goethals (*Miroir des notabilités nobiliaires*, I, p. 909 et suivantes), du marquis de Magny, de Louis Tisseron, du comte Georges de Morant (*Le Sang royal de France*, Paris, 1913), du *Mémoire en cassation*, de l'*Armorial des princes du sang royal de Hainaut et de Brabant*, p. 99-100, et autres ouvrages tant manuscrits qu'imprimés, voire du héraut d'armes Le Fort, *celui-là même qui dressa en 1733 la filiation des Corswarem comme il conste du diplôme de l'empereur Charles VI de l'an 1734,* — témoignages superflus, *mais concordants et unanimes sur ce point —* que les Corswarem, *aujourd'hui de Looz-Corswarem, sont issus d'un cadet de Berlo, dans les premières années du XIII⁰ siècle,* et ne se rattachent ou ne peuvent se rattacher, en conséquence, que *par les Berlo* aux anciens comtes de Looz !

Est-ce assez *clair* et assez *probant* que tout cela ?

Nous le demandons : où veut-on en venir ?

Établir, par un jugement— mais il y en a dans tous les sens, selon le comte Woeste, notre ancien ministre de la Justice, — que l'*Annuaire de la Noblesse de Bel-*

(1) Voir plus haut, p. 54-55.

gique détient *seul* le record de la Vérité ? Que la charte
de 1180 et toutes celles qui la confirment seraient donc
*fausses ou tout au moins gravement altérées dans un
intérêt généalogique*, et que les Corswarem qui lui
doivent le nom *de Looz*, leurs *titres ducaux et comtaux
de 1734, 1778 et 1825;* la dignité de *Princes de l'empire germanique* à la diète de Ratisbonne et la *principauté de Rheina-Wolbeck* en mars 1893; enfin, la qualification d'*Altesses Sérénissimes* en 1825, auraient
induement — pour être modéré — obtenu toutes ces
faveurs et jusqu'à ces dédommagements territoriaux
qui leur assurèrent les droits d'*égalité de naissance* avec
les Maisons souveraines ? Que les Berlo et les Corswarem, nonobstant ce qui précède et malgré les preuves
amoncelées du contraire, n'étant pas *de véritables de
Looz* (1), les Block ne le seraient pas davantage et, qu'en
conséquence, les nom et titres réclamés par ces derniers
ne pourraient leur être reconnus ou concédés ?

Est-ce là *la constatation* que l'on veut avoir et qui
justifie l'action des Corswarem contre l'auteur de l'*Armorial ?*

Il a déjà été répondu maintes fois à l'allégation toute
gratuite du baron de Villenfagne et de ses adeptes.
(Voir notamment *Birnbaum*, le *Mémoire en cassation,
La Maison de Block* et *Les incorrections du baron de
Villenfagne.*)

Faut-il enfin ajouter, comme nous l'avons démontré
ci-devant, que *la preuve héraldique* de l'extraction de

---

(1) Comme nous l'avons établi *par des actes authentiques et des faits
pertinents*, cette thèse n'est plus soutenable, et elle l'est d'autant moins que
les Corswarem sont, de par les faits ci-dessus mentionnés, *des de Looz
authentiques*. Or, cela étant, *a fortiori* en *est-il* et *doit-il* en être ainsi des
Block et des Berlo, dont les dits Corswarem sont descendus, et qui *seuls*
se rattachent *directement et authentiquement* aux anciens comtes de Looz.

la Maison de Block des anciens comtes de Looz, *véri-fiant et corroborant la preuve diplomatique*, ne peut laisser l'ombre d'un doute au sujet de *sa descendance en ligne directe, masculine et légitime des souverains lossins?*

Nous en appelons à tous les esprits impartiaux!

C'est s'honorer grandement que de *reconnaître abusive* une appréciation, quand celle-ci a été *émise de bonne foi*, et nous avons la ferme conviction que la présente exposition des *preuves indéniables* de la Maison de Block *élucidera* les points qui pouvaient laisser à désirer, dans le *Mémoire en cassation*, au point de vue de leur *pertinence indiscutable*.

Annexe aux Preuves de la Maison de Block

La Maison de Block reconnue authentiquement pour
noble par les pouvoirs publics au XVIe siècle.
Six documents établissant la possession *centenaire* de sa
noblesse et de ses armoiries à la même époque.

Archives Générales du Royaume de Belgique.—Copie
d'un acte original sur parchemin, muni d'un fragment
de sceau en *cire rouge* pendant à simple queue de parchemin, et portant le n° 9329 des Archives de la
Chambre légale de Flandre (1).

Ic Franchois de Block, als vocht van joncvrouwe
Johanne van Waelbrouck, filia Jans, houde een leen
van den huuse ende hove van Doynze, ligghende binnen
der prochie van Sint-Jans Leederne, groot zynde een
buender ende en alf wynens lants lettel min ofte meer,
streckinde ande zuutzyde Anthonis Stuerin leen, ande
noortzyde an tlant van der weduwe ende hoirs van
wylent Willem Wauters, aen thoosthende dlant van
Alioer van Alewine ende ant westhende an tlant van
Jacop van Leyns; ende dit zelve leen licht ter bester

(1) Voir au sujet de cette Cour souveraine: *Beau traicté de la diversité
de nature des fiefs en Flandres*. Gand, C. Annoot-Braeckman, 1839,
pp. 3 et 4.

vromme van drie ende camerlicgage, etc. vf recht ter
doot ende alst ment verwandelt by coope zo es men daer
of sculdich mynen gheduchten heere den X[en] penninc
van dat ghelt, de beste vromme ende camerlijncgage als
boven (1) : dus gheve ic, Franchois voornoemt, inde
qualyteyt als vooren, ditte over in gherechten denombre-
mente mijn gherechten heere *torconden myns anteeckin
ende zeghele hier huut hanghende*, desen XXIX decem-
bre XVe LIX.

(Signé) : F. de Block.

1559.

Pour copie conforme délivrée à la demande de
M. de Block-Looz, commandant d'infanterie, 22, rue
des Architectes, à Anvers.

	Bruxelles, le 9 mai 1901.
Sceau	Pour l'Archiviste général du royaume,
des Arch. Gén.	Le chef de section délégué,
du Royaume.	*(Signature illisible.)*

En marge se trouve la mention : Coll[6] *(Signé)*: Cuve-
lier, et plus bas : n° 3160. *Coût :*

Un rôle. . .	0-75
Un timbre .	1-30
Fr.	2-05

(Parafé) : Alb. D.

(1) L'état de biens de damoiselles Jeanne, Pétronille et Anne de Waelbrouck, du 16 mai 1560, complète ce texte, dont deux mots semblent avoir
été mal lus, comme suit : « *Item* een leen ghehouden van den huuze ende
hove van Dounze ligghende binnen der prochie van Ste Jans Laerne, groot
een bundere ende een half winnende landts, lettel min ofte meer, ghenaempt
tleen ter Gauwe, ligghende ter bester vrome van drien ende camerlinc-
ghelt *naer hofrecht* ter doot ende alst verwandelt bij coope, zo es men
sculdich thienden penninc van dat ghelt, de beste vrome ende camerlinc-
ghelt als boven », etc. (Archives de la ville de Gand, *Parchons de 1560-61*,
folio 5.)

Ce petit document des Archives de la Chambre légale de Flandre, en apparence si insignifiant à côté des belles chartes de la Maison de Block et de ses hautes alliances au moyen âge, établit *à lui seul* déjà la noblesse, au XVIe siècle, de cette ancienne famille chevaleresque. Celle-ci, en effet, résulte de ce simple fait, que le présent dénombrement du fief de *ter Gauwe* est donné par François Ier de Block, de la Ligne Blanche, l'aïeul de la Maison actuelle, *sous son propre sceau :* « *Torconden myns anteeckin ende zeghele hier huut hanghende* », privilège exclusivement réservé à la noblesse *(Beau traicté de la diversité de nature des fiefs en Flandres,* pp. 37, 45, 46 et 47).

Le sceau en cire rouge de François Ier, détruit aujourd'hui, portait *les deux fasces,* armoiries que l'on peut facilement reconstituer par les quartiers suivants, qui prouvent, avec le document précédent, *la possession centenaire* par la Maison de Block, à la même époque, *de sa noblesse et de ses armoiries, les deux fasces de gueules en champ d'argent,* qui lui venaient d'ancienneté (1).

Ces quartiers sont :

1° Le quartier du grand-père de François Ier, Jean III de Block, que l'on trouve dans le chœur de l'église de Malderen, en Brabant, sur le tombeau de François le Cocq (2), seigneur de Wulverghem, Waerde, Groenhove, etc., † 9 juin 1602, et de sa femme Isabelle Damman d'Oomberghe, † 3 septembre 1638 (Butkens, *Tro-*

---

(1) La possession de ces armoiries en 1559, *ainsi constatées,* vaut à elle seule tous les degrés antérieurs de la filiation. (Voir l'ouvrage cité plus haut, pp. 46 et 47, et *La Noblesse belge,* annuaire de 1891, première partie, p. 57, note 1.)

(2) Le dénombrement des quartiers ornant ce tombeau et les trois autres est donné dans le *ms. Les princes de Looz-Block, leur origine, leur filiation, leurs droits,* 1893, I, folio 163 verso et suivants, appartenant aux Archives de la Maison de Block.

phées de Brabant, 1724, III, livre VIII, comté de Humbéke, pp. 412 et 413);

2° Le quartier de son père Jean IV de Block, qui existe encore à Gand, en l'église de Saint-Bavon, anciennement Saint-Jean, chapelle des Trois-Rois, sur le riche mausolée de Jean Damman, seigneur d'Oomberghe, Warnoise, Burchtgracht, Vromenhove, etc., † 5 juillet 1581, veuf en premières noces d'Élisabeth de Baenst et époux de Jeanne de Waelbrouck, dame d'Houthage, † 24 novembre 1605 *(ms.* n° 224 de la Bibliothèque héraldique du Département des Affaires Étrangères, à Bruxelles, intitulé : *Épitaphes de Gand,* folio 81 ; etc.);

3° Le quartier de sa sœur consanguine Élisabeth de Block, femme de Jean de Waelbrouck, seigneur de Clembrugghe, Houthage, etc., veuf de Philipotte Borluut, remariée plus tard à François Hueribloc, que l'on rencontre sur une infinité de monuments funéraires et notamment sur celui de Gérard d'Oyenbrugghe de Duras, seigneur de Gembre, ter Looven, etc., de la famille des comtes de Duras, barons de Meldert, † 14 février 1661 et enterré en l'église des Carmes, à Gand, et sur un écriteau de Jeanne Damman d'Oomberghe, † 15 décembre 1677, femme du même Gérard d'Oyenbrugghe de Duras, qui existait en l'église d'Oomberghe, au pays d'Alost (Hellin, *Recueil des Inscriptions sépulchrales d'Abbaïes*, etc., Manuscrits n°ˢ 1524, VI, p. 83, et 1521, III, p. 40, de la Bibliothèque Royale, à Bruxelles, Collection F.-V. Goethals);

4° Le quartier de sa propre fille, mariée à l'honorable Antoine Janssens (de Bisthoven), † 11 mars 1630 (1),

---

(1) D'un acte passé à Zéle le 18 avril 1618 par Étienne Iᵉʳ de Block, fils de François Iᵉʳ, il résulte que François II de Block (frère d'Étienne Iᵉʳ) avait assumé la tutelle de Jean Janssens, fils d'Antoine et alors âgé de

que l'on relève en l'église de Saint-Martin, à Gand,
dite d'Ackerghem, sur le blason funèbre d'Anne Baro-
naige, † 9 mai 1710, femme de Josse Goethals (*Inscriptions funéraires et monumentales de la Flandre Orientale*, Gand, 1865, I, p. 23).

Ajoutons encore ici que, suivant l'*Almanach de Gotha*
de 1905, 2me partie, p. 223, la Maison des princes de
Starhemberg n'obtint la permission de cacheter avec de
la *cire rouge* que dans la seconde moitié du XVe siècle.
Il y avait donc là un autre privilège nobiliaire bizarre,
auquel était attaché une certaine importance. Le diplôme
qui le concède est daté de *Neustadt, le samedi avant la
Sainte-Marguerite 1467*.

-----

27 ans, conjointement avec Marin Duerynck, cité également comme tuteur
dans un document du 15 mai 1612 concernant François III de Block et sa
femme, Piéronne ou Pétronille Janssens, sœur du précédent, dénommée
dans un autre document du 23 octobre de la même année. (Archives de
l'État, à Gand, Reg. no 493 de Zéle, folio 265 recto, et Reg. d'*Erfenissen*
de Zéle, de 1612 à 1628, no 467, folio 2.)

Ce Jean Janssens a été inhumé à Anvers, en l'abbaye de Saint-Michel,
près de son père, qui y est enterré avec ses deux dernières femmes. (*Inscriptions funéraires et monumentales de la Province d'Anvers*, IV, p. 104.)

Faut-il ajouter ici que les deux documents ci-dessus, de Zéle, prouvent
déjà *authentiquement* que l'actuelle Maison de Block descend bien des
Block *aux deux fasces;* en d'autres termes, que ces armoiries *sont vérita-
blement les siennes?*

V

Les incorrections du baron de Villenfagne

Dans notre note sur *L'extraction des comtes de Looz*, p. 22, nous disions qu'Arnould de Looz, comte de Hesbaye, mourant sans enfants après son frère Baldéric II, prince-évêque de Liége, la Hesbaye fit retour à l'Empire, à l'exception de la partie nord laissée par l'empereur Conrad II à Giselbert II, comte de Looz (1035), et fut ensuite donnée à l'évêque Nithard par Henri III (1040). C'est dans cet acte et le transfert de quelques-uns de ses alleux à l'Église de Liége, en 1203, ajoutions-nous, qu'il faut rechercher les liens de vassalité de la Maison de Looz et l'origine des prétentions, que formuleront plus tard les évêques, sur le patrimoine de leurs anciens protecteurs.

C'est ce que confirme pleinement le mandement du 15 septembre 1337, de Dinus, archevêque de Gênes et député du Saint-Siège, publié par Wolters, *Codex diplomaticus Lossensis*, n° 410, p. 263 et suivantes.

Ce mandement, donné en exécution d'une bulle du pape Benoît XII, nous prouve, en effet, que l'évêque de Liége, Adolphe II de La Marck, le protecteur momentané de Thierri de Heinsberg, osa soutenir, en cour de Rome, l'identité des comtés de Looz et de Hesbaye, puisqu'il y est dit en toutes lettres *(Ibid.*, p. 264) que le comté de Looz, au diocèse de Liége, était anciennement appelé le comté de Hesbaye : « *comitatus Losensis in Leodiensi diocesi constitutus vocatus antiquitus Haspigau* ».

Le mobile qui guida l'Église de Saint-Lambert, dans la politique d'agrandissement qu'elle n'avait cessé de poursuivre depuis le règne de l'évêque Notger, nous apparaît donc clairement ici.

L'identification des deux comtés limitrophes, mais absolument distincts, de Looz et de Hesbaye, formés l'un de la Hesbaye propre, l'autre d'une partie de la Hesbaye et d'une plus grande de la Campine et du Maselant, et ayant l'un et l'autre été compris dans l'ancien duché de Hasbagne, la grande Hesbaye—celle du partage de 870 entre Charles le Chauve et Louis le Germanique,— avait pour but de pouvoir appliquer au comté tant convoité de Looz, puisqu'il devait doubler l'étendue de la principauté de Liége et qu'il suscita une longue et interminable guerre, les documents consacrant les droits des évêques sur l'autre comté, déjà en la possession de ces prélats depuis 1040. En d'autres termes, la charte de donation du comté de Hesbaye, province de langue romane ou wallonne, appartenant aux évêques depuis l'empereur Henri III, devait justifier, près du Saint-Siège, les prétentions de suzeraineté que s'étaient arrogées la fille aînée de l'Église sur le comté de Looz ou *Loon*, province de langue tudesque ou flamande, qui lui était étrangère, et dont le dernier souverain venait de mourir sans postérité de Marguerite de Lorraine, en laissant arbitrairement ses États, les comtés de Looz et de Chiny, à Thierri de Heinsberg, fils aîné de sa sœur Mathilde et beau-frère de l'évêque Adolphe II de La Marck, par un testament fait *in-extremis* (1).

____

(1) « Louis ne vécut que peu de jours après avoir fait son testament », avoue le baron de Villenfagne, dans ses *Recherches sur l'Histoire de la ci-devant principauté de Liége*, 1817, I, p. 168.

Le document de 1337 nous prouve encore, que les princes-évêques étaient dépourvus de tout autre titre que celui de l'an 1040, pour justifier de leurs prétentions au comté de Looz. Il établit également, qu'en dehors des alleux de 1203, repris en fief par les comtes de Looz et pour lesquels ces princes s'étaient reconnus les vassaux de l'Église de Liége (1), l'on doit tenir pour infiniment suspect, *parce que contraire aux lois,* le relief du comté de Looz, de l'an 1323 (2), le seul document de l'espèce que l'on possédât des anciens comtes, et qui, s'il est bien authentique, est frappé de nullité complète, *parce que non ratifié par le pouvoir impérial.* Il établit enfin, que la fameuse collation Arnoldine de l'an 1014 et la réinféodation de 1016, en faveur d'Arnould III, furent inventées de toutes pièces, à une époque postérieure à l'année 1337, avec, pour point de départ, le legs et la mort du comte Arnould de Valenciennes,

(1) En 1218, observe van Loon (*Aloude Hollandsche Histori,* II, p. 276-277), donc quelques années après le transfert de ces alleux à l'Église de Liége, trois princes de la Maison de Looz, Louis III (II d'áprès Daris) qui opéra ce transfert, et ses frères Henri, comte de Duras, et Gérard, comte et burgrave de Reineck, furent successivement supprimés par le poison. Arnould, sire de Zuylre ou Zolder, leur dernier frère, le futur Arnould III, resté en otage en Angleterre, et son neveu Louis, fils du comte de Reineck, qui résidait en Allemagne, durent à leur éloignement du pays d'échapper au même sort.

L'histoire est muette sur les circonstances de ce triple attentat. Mais l'on ne peut se défendre de songer à ce fait, que le siège de Saint-Lambert était alors occupé par l'astucieux prélat français Hugues de Pierrepont qui, bénéficiaire de l'accord de 1203, avait également obtenu l'année suivante, au mépris des droits de Henri le Guerroyeur, l'inféodation à son Église de l'alleu de Moha, et que c'est donc vraisemblablement au règne de ce même prélat qu'il faut rattacher les premières visées ambitieuses du grand chapitre de Liége sur le comté de Looz.

(2) C'est aussi l'avis de F.-G. de Hofmann, *Recherches sur le légitime gouvernement des comtés de Looz, d'Horne et de Nyel,* 3e édition, 1799, pp. 20 et 62 à 66. Voir également la Consultation de l'université de Göttingue concernant le comté de Looz, *Ibid.,* pp. 105 à 107.

6

dont Gilles d'Orval, moine vivant au XIIIe siècle, *avait abusivement fait un comte de Looz.*

D'ailleurs, il est prouvé aujourd'hui, par les chartes du comté de Looz, que le comte Arnould II, qui donna en 1014, suivant les écrivains liégeois, son comté de Looz à Saint-Lambert, n'a jamais existé et que, dès 1015 au moins (1), si pas déjà dès l'an 1000 (2), c'est Giselbert II qui était comte de Looz et non Arnould III, inexistant en tant que souverain de ce pays, mais qui avait été investi vers 1014 du gouvernement de la Hesbaye proprement dite, le *Haspinga* ou *Hespengau* du diplôme de 1040 (3). Cet Arnould, comte de Hesbaye, mourut après son frère le prince-évêque Baldéric II, vers 1035, et précéda de dix ans au tombeau son autre frère le comte Giselbert II, mort seulement après 1044.

Pour en revenir à l'acte de 1323, ajoutons qu'on s'expliquait difficilement jusqu'ici le fait que Thierri de Heinsberg, vassal de l'Église de Liége, ne voulut reconnaître d'autre autorité que celle de l'empereur d'Allemagne, dont les comtes princiers de Looz, on le sait aujourd'hui, avaient toujours relevé directement, ainsi que le démontrent des documents nombreux (4), et cet autre fait, qu'il n'existait aucune pièce établissant que les évêques de Liége eussent jamais ratifié ou confirmé, en leur prétendue qualité de suzerains du comté de Looz, un acte quelconque des princes lossins; que l'on ne trouvait aucun autre document, disons-

---

(1) Daris, *Histoire de la bonne Ville, de l'Église et des Comtes de Looz*, 1864, I, p. 384-385.

(2) Birnbaum, *Deduktion der Rechte des Herrn Herzogs Karl-Franz-Wilhelm-Ferdinand von Looz-Corswarem, auf das standesherrliche Fürstenthum Rheina-Wolbeck*, 1830, *Erste Zugabe*, p. 160.

(3) Voir notre note sur *L'extraction des comtes de Looz*, pp. 17, 19, note 2, 21 et 22.

(4) Voyez F.-G. de Hofmann, *Recherches*, p. 37 et suivantes.

nous, dans lequel ces derniers avaient, en aucun temps, reconnu tenir leur comté de Looz des évêques de Liége, comme l'acte de 1253 (v. s.) par exemple, où Jean d'Avesnes reconnaît le prince-évêque pour son seigneur, à cause « *de la conteit de Haynau* », inféodée par Richilde à l'évêque Théoduin de Bavière, avec le consentement obtenu à grand'peine de l'empereur Henri IV, par diplôme daté d'Aix-la-Chapelle, le 11 mai 1071 (1).

Si donc, à la vérité, les comtes de Looz prirent une part plus grande que d'autres princes voisins à quelques-uns des actes des princes-évêques, ainsi qu'on le peut constater par la paix de Fexhe de 1316, c'était plutôt en leur qualité de hauts-avoués de la cité épiscopale ou de vassaux pour les quelques alleux de 1203, convertis en fiefs liégeois, que comme feudataires de Saint-Lambert pour leur comté de Looz. C'est d'ailleurs, et très exactement il faut le reconnaître, le sentiment qu'exprime Hofmann, dans ses *Recherches sur le légitime gouvernement des comtés de Looz, d'Horne et de Nyel*, 3ᵉ édition, 1799, p. 67-68.

Or, à l'époque où se passaient les événements que nous rapportions plus haut, en 1337 donc, Hocsem, le grand-écolâtre de la cathédrale de Liége, celui qui soutint effrontément devant les États du pays la justice des droits de son Église sur le comté de Looz, en s'appuyant faussement sur le diplôme de 1040, le chanoine que le baron de Villenfagne cherche à justifier, en affirmant audacieusement, à la p. 93 du tome Iᵉʳ de ses *Recherches sur l'Histoire de la ci-devant principauté de Liége*, que « l'on ne doit donc pas s'étonner si du tems de Hocsem

---

(1) Baron de Reiffenberg, *Histoire du comté de Hainaut*, édition Jamar, I, p. 167.

» même, vers 1340, on ignorait où était situé le comté
» qui existait en 1040 sous le nom de *Haspinga*, et qui,
» quelquefois, était aussi nommé le comté d'Arnould,
» *comitatus Arnoldi* », le chanoine Hocsem savait parfaitement et aussi bien que le haut-avoué de Hesbaye
d'alors, aussi bien qu'Hemricourt lui-même, l'auteur du
Miroir des nobles de la Hesbaye (1) et du traité de la
Temporalité de l'Évêché de Liége, son contemporain,
puisque né en 1333, que les comtés de Looz et de
Hesbaye étaient deux comtés différents, n'ayant rien
de commun l'un avec l'autre.

Au reste, le baron de Villenfagne— et l'on ne doit
point être surpris des contradictions qui abondent chez
cet écrivain— ajoute un peu plus loin, à la p. 96-97 de
ses *Recherches, infirmant ainsi lui-même ses propres
conclusions de la p. 93 :* « Et une chose qui mérite d'être
» pesée, c'est qu'au siècle de notre annaliste Hocsem
» (le 14ᵉ), bien des personnes, *ainsi que ses ouvrages en
» font foi, faisaient une différence entre le comté de
» Looz et le comté de Haspinga.* Enfin le texte du plus
» ancien Historien de Nithard (Anselme, *apud* Cha-

---

(1) Suivant le baron de Villenfagne, *Recherches*, II, pp. 452 à 462, le
Miroir des nobles de la Hesbaye (Édition Salbray, 1673; Édition Jalheau,
1791) « n'est point parvenu jusqu'à nous, tel qu'il est sorti des mains de
Jacques de Hemricourt, son auteur ».

Quant à *La Hasbanie en son lustre*, du même Hemricourt, manuscrit
dont s'est servi Jean le Carpentier, *Histoire généalogique des Païs-Bas*,
Leide, 1664, I, *Noms des principaux Autheurs*, c'est un ouvrage que passe
sous silence l'écrivain liégeois. Paquot, dans ses *Mémoires pour servir à
l'Histoire littéraire des dix-sept provinces des Pays-Bas, de la principauté
de Liége et de quelques contrées voisines*, Louvain, 1765, I, p. 570, n'en
parle également pas à l'art. *Hemricourt*.

Remarquons, enfin, que le manuscrit dont s'est servi Butkens, *Trophées
de Brabant*, Preuves, pp. 35 et 189, portait ce titre : *Miroir de la Noblesse
de Hasbaing, par Messire Iacques de Hemericourt.*

On est en droit de se demander: *quel est l'ouvrage original dans tout
cela?*

» peauville, tome I, p. 279) est formel; il faut s'y tenir:
» suivant ce texte, du vivant de cet Évêque, ou, du
» moins, certainement peu de tems après sa mort,
» l'Église de Liége possédait déjà ce dernier comté,
» tandis qu'elle n'a eu celui de Looz qu'en 1365 (1). »

Qu'est-ce à dire? Nous l'avons établi au début de cette note : c'est que l'Église de Liége eut recours à une *véritable supercherie*, pour asseoir, près du Saint-Siège et au détriment des héritiers légitimes, ses prétentions au comté de Looz!

Quoi qu'il en soit — et cela n'étonnera encore personne — le baron de Villenfagne s'en tient à la collation Arnoldine de 1014 (*Recherches*, I, pp. 69, 83 et 166) et va *jusqu'à prétendre qu'en 1377*, lors de la dernière paix des XXII (*Ibid.*, II, p. 179), *il n'existait plus de descendants légitimes connus des anciens comtes de Looz!*

Les seigneurs d'Agimont cependant, pour citer les agnats les plus proches du dernier comte légitime que les évêques n'ignoraient point, puisqu'ils leur opposèrent la renonciation de 1280, ne s'éteignirent que longtemps après, vers la fin du XVe siècle. (Voyez le *Neues genealogisches Reichs- und Staats-Handbuch, Franckfürt*, 1796, II, p. 473.) Or, l'on ne pouvait, en droit dynastique, leur opposer légalement et légitimement ladite renonciation, *parce que toujours subordonnée à l'existence de rejetons mâles les précédant dans l'ordre linéal et agnatique*, et à laquelle néanmoins

(1) La guerre de succession eut pour dernier épisode la prise du château de Rummen, en octobre 1365. Toutefois, les négociations entre belligérants se prolongèrent jusqu'en 1366. C'est en cette année seulement que les évêques de Liége prirent, pour la première fois, le titre de *comtes de Looz*. (Voir Wolters, *Codex diplomaticus Lossensis*, charte du 29 septembre 1366, p. 382.)

l'on voulut alors qu'ils aient volontairement souscrit pour eux et tous leurs successeurs, c'est-à-dire à jamais, pour toujours (Hofmann, *Ibid.*, pp. 44 à 47).

La branche des comtes et burgraves de Reineck ou Rieneck, propagée par le prince Louis, frère puîné du comte Arnould IV de Looz, que les évêques de Liége ne pouvaient ignorer davantage, s'éteignit encore plus tard, par le décès du comte Philippe, mort sans postérité en 1559 (Conf. *Les Souverains du Monde*, La Haye, 1722, I, p. 179, et II, p. 489, avec *Gustav A. Seÿler, Kgl. Geh. Kanzleirat in Berlin, Stamm-Wabpen deutscher Fürsten u. Grafen*, art. Looz-Corswarem, dans le *Münchener Kalender für 1907*).

Nous savons par les chartes, le héraut d'armes Gelre et les pierres tombales de l'abbaye d'Orienten, que l'Église de Saint-Lambert connaissait tout aussi bien alors les lignes moyenne et cadette de la Maison de Looz, toutes deux florissantes au XIV⁰ siècle, en des branches nombreuses, et ayant, l'une élu sa sépulture ordinaire en l'abbaye précitée, l'autre donné un cardinal prince-évêque à la même Église, Arnould de Hornes, qui régna sur le pays de Liége et comté de Looz, de 1378 à 1388.

Quant à la ligne puînée de Looz-Ghoër ou de Berlo, dont les Berlo proprement dits, les Block, les Corswarem et les Frésin représentaient les différentes branches ou subdivisions, la ligne même qui suivait la branche des comtes et burgraves de Reineck dans l'ordre linéal de succession agnatique au comté de Looz, et qui était issue de Jean de Looz, sire de Ghoër, *le puisné de la très-Illustre maison des comtes de Loo* (sic), *qui portoit d'or à 2 fasces de gueules*, suivant Hemricourt et del Rey (Voir le Mémoire en cassation *Quelques notes sur les princes de Looz-Block*, p. 49), à titre de *brisure légitime et nécessaire des armes paternelles* (*Ibid.*, pp. 13, 22, 26, 39, 59, 60, etc.), elle ne pouvait et ne devait pas être plus inconnue aux princes-évêques, en possession des archives du comté depuis la reddition du château de Rummen, qu'elle ne l'était à Hemri-court, l'un des amis particuliers du seigneur de Cors-warem (*Ibid.*, p. 45) et le contemporain, nous l'avons vu plus haut, de la guerre de succession (*Ibid.*, p. 115), guerre sanglante comme l'on pourra s'en assurer par le baron de Villenfagne lui-même (*Recherches*, I, pp. 168 à 188), qui ne dura pas moins de trente ans et se termina, comme toujours, à l'avantage du plus puissant des prétendants, en l'occurrence l'Église de Liége (*Armorial des princes du sang royal de Hainaut et de Brabant*, p. 117-118).

L'article 1ᵉʳ de la quatrième paix des XXII vise donc bien les héritiers légitimes des anciens comtes, autant que les seigneurs de Heinsberg et de Rummen (Hof-mann, *Ibid.*, p. 26, et la *Consultation de l'université de Göttingue*, p. 109), et non pas seulement, comme le prétend vainement le baron de Villenfagne (*Recherches*, II, p. 179-180), les familles sorties de cette Maison souveraine par les femmes.

Le chanoine Daris, qui accepte les Corswarem comme descendants mâles des anciens comtes (*Histoire de la bonne Ville, de l'Église et des Comtes de Looz*, I, p. 413), s'éloigne donc moins de la vérité, malgré ses compo-sitions avec l'histoire (*Armorial*, p. 99-100), que ne le fait le baron de Villenfagne, qui estime encore devoir ajouter (*Recherches*, I, p. 220) : « J'ai *composé* sur l'objet » qui va nous occuper (c'est précisément le tort qu'il a » eu) des recherches assez étendues. *Elles sont consa-* » *crées à réfuter les prétentions de la famille de Cors-* » *warem* (lisez : de Looz-Corswarem) *qui veut descendre*

» *des anciens Princes souverains du Comté de Looz ;*
» on y montre combien ces prétentions sont ridicules et
» vaines, quoique cette famille parvint à en tirer parti
» à la faveur des circonstances critiques qui ont intro-
» duit tant de changemens en Europe. Je ne reviendrai
» pas dans ce chapitre sur ce sujet ; je renvoie les lec-
» teurs à mes *Essais critiques sur différents points*
» *de l'Histoire de Liége,* imprimés en 1808. »

Cet ouvrage, tout à la louange des princes-évêques,
appuyé sur des textes faux ou tronqués comme à plaisir,
et qui a induit en erreur tant d'écrivains, a été réfuté
de point en point, dans ses parties essentielles, il y a
plus de vingt-six ans déjà, par l'auteur des *Quelques
notes,* p. 103 et suivantes.

C'est cependant à l'autorité de cet académicien incon-
séquent autant que verbeux, qu'est le baron de Villenfagne (1), que s'en sont référés MM. Wauters et de
T'Serclaes, pour infirmer la charte de l'an 1180, établissant, d'accord avec Hemricourt, l'extraction et la
survivance de la ligne puînée des anciens comtes, les
Berlo ou plus exactement les Looz-Ghoër, représentés
par les différentes branches dans lesquelles cette ligne,
encore existante, s'est subdivisée jusqu'à nos jours !

Ajoutons ici que ce sont les mêmes *Essais critiques,*
suivis des *Recherches sur l'Histoire de la ci-devant principauté de Liége,* qui surprirent la bonne foi de Théodore Juste, chargé par le gouvernement, après les
événements de 1830, de nous doter d'une bonne histoire
nationale.

(1) Ancien chanoine de Tongres et de Saint-Denis, à Liége ; puis, bourgmestre de cette ville en 1791 et conseiller au Conseil privé du prince-
évêque ; membre du Corps équestre, de l'Institut royal des Pays-Bas et de
l'Académie royale des sciences et belles-lettres de Bruxelles, curateur de
l'Université de Liége, etc., né à Hordinne, sous Anseremme (Namur),
le 14 juin 1753, mort à Liége le 23 janvier 1826.

C'est ainsi que nous y retrouvons consignée, avec une légère variante, la collation Arnoldine de 1014 : « Notger, dit Juste, *Histoire de Belgique*, édition Jamar, » livre III, chap. I, p. 60, eut pour successeur l'évêque » Baudry (Baldéric II); celui-ci était de la Maison des » comtes de Looz qui possédaient Hasselt et toute la » contrée au nord et à l'est de cette ville; il fit transfé- » rer ces domaines à son église (1016). Quelques années » plus tard, le territoire de l'évêché s'agrandit encore, » l'empereur Henri II (1) [1040] ayant donné à l'évêque » Nithard la Hesbaye, c'est-à-dire tout le pays au nord » de Liége, jusqu'à Saint-Trond. Les successeurs de » Monulphe furent dès lors les princes les plus puis- » sants de la Belgique, après les ducs. »

Ce sont toujours ces mêmes ouvrages du baron de Villenfagne qui, en empoisonnant de mensonges les fastes du pays, ont fait que les historiens contemporains en général, si l'on en excepte Vanderkindere (*Forma-tion territoriale des principautés belges au moyen âge*), n'accordent pas aux comtes de Looz la place qui leur est légitimement due dans l'histoire.

C'est enfin, et contrairement aux chartes mises au jour, le peu d'importance que les évêques et le grand chapitre de Liége feignirent d'accorder, dans les der-niers siècles, aux souverains lossins, après s'être em-parés de la moitié de leurs dépouilles (2) et avoir méconnu les justes prétentions de leurs héritiers légi-times; c'est ce peu d'importance, disons-nous, qui est

---

(1) C'est Henri III qu'il faut lire. Henri II fut empereur d'Allemagne de 1002 à 1024 seulement, et Henri III de 1039 à 1056.

(2) L'autre moitié, le comté de Chiny, avait été aliénée, avec l'avouerie de Liége, pour les besoins de la guerre, par les successeurs du dernier comte légitime. (Voir les chartes de 1337 à 1365 dans le *Codex diplomaticus Los-sensis*, p. 272 et suivantes.)

cause que le pouvoir, en 1815 et en 1830, suivant en cela et en les aggravant, les errements de la France de 1789, débaptisa par deux fois le comté de Looz, en l'affublant du nom d'emprunt de *Limbourg*, duché qui n'avait aucun rapport avec ce pays et qui était situé en partie dans la province actuelle de Liége, la Prusse rhénane et le Limbourg hollandais.

Ce fait inouï, qui devait brouiller pour toujours l'histoire avec la géographie, et il n'est point le seul exemple que nous puissions citer en Belgique, — le comté de Chiny qui comprenait dans ses limites la majeure partie du Luxembourg wallon ou belge, avec une partie de la France et de la province de Namur, en est un autre, — constituait de plus, constatons-le, un véritable attentat à la dignité nationale des vaillantes populations du ci-devant comté de Looz, l'une des provinces les plus riches du royaume depuis la découverte de ses gisements houillers, évalués pour le nouveau bassin campinois à quatre-vingts milliards de francs !

Wolters s'était déjà plaint, et avec raison, de cet ostracisme dont le comté de Looz, province qui resta indépendante jusqu'au milieu du XIVe siècle, avait si longtemps été l'objet, et constatait, dès 1849 (*Codex diplomaticus Lossensis*, Avant-propos, p. i-ii), l'opportunité d'une bonne histoire de ce comté, comme l'on sait, l'antique berceau des Francs. Cependant, rien ou presque rien n'a été fait en ce sens depuis, si ce n'est la petite histoire très imparfaite du chanoine Daris, publiée en 1864.

Cet oubli, cette indifférence voulue, on en pressent aisément la cause. En agissant autrement, il aurait fallu dévoiler, mettre au jour tous les faux, tous les mensonges, toutes les turpitudes de la ci-devant Église de Liége ! Voilà pourquoi l'on a préféré se taire ; voilà pourquoi l'on a continué à grandir les princes-évêques de tout l'abaissement des comtes-souverains.

On nous objectera peut-être que, dans l'histoire de la Flandre, l'on passe également sous silence les empiétements successifs des anciens comtes sur les possessions des princes voisins, et notamment, en ce qui concerne plus spécialement la Belgique, sur celles des comtes de Gand. Mais ce ne serait point là une raison, car, outre que ces événements se passaient à une époque plus reculée, donc moins bien connue, au XIe siècle, c'était la guerre, la conquête seule qui décida du sort de ces princes et de ces peuples, jusqu'à leur absorption complète par la Flandre à la fin du XIIe siècle. Ici, au contraire, nous voyons plutôt la tromperie, la ruse, la perfidie même, mises au service de la politique d'agrandissement des évêques de Liége, qui ne s'aideront de la guerre que subsidiairement.

Mais, revenons en au baron de Villenfagne et à ses incorrections historiques.

Le défenseur ardent des droits que s'étaient frauduleusement arrogés les princes-évêques n'est pas plus heureux, dans ses déductions au sujet des comtes de Moha et de Hornes, qu'il soutient ne pas être issus, les premiers de la Maison de Louvain ou de Brabant; les seconds de la Maison de Looz.

Les *Quelques notes sur les princes de Looz-Block*, pp. 25, 28, 47-48, 94-95 et 113, et l'*Armorial des princes du sang royal de Hainaut et de Brabant*, pp. 28, 36, 102 à 108 et 187 à 203, ont déjà, en ce qui regarde ces derniers, réfuté victorieusement les affirmations toutes gratuites du baron de Villenfagne. Nous n'y reviendrons donc pas ici. D'ailleurs, en parcourant ces quelques pages, en examinant les chartes de l'époque, le lecteur pourra facilement se convaincre qu'ici, comme toujours, le ci-devant bourgmestre de Liége (*Recherches*, I, p. 188-189) a été seul à altérer la vérité.

Cet auteur, en effet, que Goethals a eu le grand tort de suivre pour les origines des seigneurs de Hornes et de Corswarem, cet auteur en écrivant (*Ibid.*, p. 189) : « *Il paraît sûr qu'ils* (les sires de Hornes) *tiraient leur* » *extraction de la Maison de ces Ducs* (les ducs de Bra- » bant), *quoique plusieurs écrivains aient prétendu le* » *contraire* », nous montre que la confusion où il se débat inutilement, en ne distinguant pas les seigneurs de Perwez de la seconde race (Maison de Hornes issue de la Maison de Looz), des seigneurs de Perwez de la première race (Maison de Brabant), est le résultat d'une lecture hâtive et trop légère de Thomas de Rouck.

Nous n'avons pu nous procurer l'*Adelyk Tooneel en Historische Beschryvinge* de cet écrivain brabançon, auquel renvoie le baron de Villenfagne (1). Mais, il nous suffira d'ajouter que l'ouvrage si connu de Thomas de Rouck : *Den Nederlandtschen Herauld*, publié à Amsterdam en 1645, émet une opinion diamétralement opposée à celle que lui prête l'écrivain liégeois, en ce sens qu'il y est dit à la page 284 :

(1) Deux ans après avoir écrit cette note, il nous a été donné d'être assez heureux de mettre la main sur un exemplaire de l'*Adelijk Tooneel*, en parcourant nous-même le catalogue du fonds van Hulthem, à la Bibliothèque Royale, à Bruxelles. Mais cet ouvrage, devenu assez rare, paraît-il, n'est qu'une simple réimpression *mot à mot* du *Nederlandtschen Herauld* de 1645, munie, par les éditeurs, d'un nouveau titre, dans un but purement commercial. *C'est dire qu'il ne dit rien de ce qu'affirme le baron de Villenfagne !*

Voici, au surplus, le titre exact de cette publication qui s'est si longtemps dérobée à nos recherches : *Adelijk Tooneel of Historische Beschrijvinge van allerley Trappen Adeldom en Ridderlijke Ordens, met haar oorspronck. 't Amsterdam bij Hendrik en Dirk Boom, Boek-Verkoopers, 1673.*

Perweys roept Hoorn, Perwez crie Hornes, Maison à laquelle Thomas de Rouck reconnaît (p. 334) le port des *trois trompes ou huchets*, distinguant ainsi parfaitement ces Perwez *aux huchets* ou de la seconde race, des Perwez de la première, qu'il appelle expressément à la p. 235 : *Perweys, à la fasce*, et range parmi les princes de l'illustre Maison de Louvain ou de Brabant, dans la filiation qu'il en a dressée, pp. 234 à 236 (1).

Nous arrivons à la dernière partie de notre tâche, aux comtes de Moha, dont les évêques de Liége s'incorporèrent également le territoire en 1225, après une guerre qui coûta beaucoup de sang, et que le baron de Villenfagne, dans son zèle à défendre l'Église de Saint-Lambert, autant que pour masquer les accaparements de cet évêché au détriment des princes voisins, affirme (*Recherches*, I, p. 141), contrairement aux textes les plus formels, les plus précis, ne pas appartenir à la Maison de Louvain ou de Brabant.

« Albert II, comte de Dasbourg, de Metz et de Moha,
» *dernier rejeton mâle de l'illustre famille de Dasbourg*,
» dit-il, *n'était pas de la Maison des Ducs de Brabant*,
» *comme l'ont cru tous les écrivains des Pays-Bas. Il*
» *avait épousé Gertrude de Looz, et par sa mère, veuve*

----

(1) Les Perwez de la Maison de Hornes s'éteignirent en 1483; ceux de la Maison de Louvain ou de Brabant en 1274.

Les armes de ces derniers furent relevées à la bataille de Woeringen, en 1288, par le comte de Vianden. Voici ce qu'en dit Butkens, *Trophées de Brabant*, p. 319 : « Godefroy Comte de Vianden, Sire de Grimberge, Perweys, Ninhove, &c. qui avoit porté *de guelles à l'escusson d'argent* releua l'ancienne Banniere de Perweys dont le sang masculin estoit failly, & s'armoya *de guelles à la fasce d'argent* », etc. (Voir également p. 632-633, et Rietstap, *Armorial général*, 1884-1887, II, p. 997.)

» *d'un Duc de Brabant, il était oncle de Henri I, Duc* » *de la Basse-Lorraine, ou de Brabant.* »

Puis, il ajoute dans une note : « C'est ce que j'ai » montré dans mes *Essais critiques sur l'Histoire de* » *Liége*, tome I, p. 253 et suivantes. »

Le baron de Villenfagne, dont la concision et la clarté ne sont pas précisément les qualités maîtresses, se taille vraiment, comme l'on va voir, la controverse facile.

La thèse qu'il développe longuement dans ses *Essais critiques* est basée tout entière sur une hypothèse de Schoepflin (*Ibid.*, p. 327)—qui reste donc à démontrer — et à laquelle il fait quelques corrections.

« Je crois que je démontrerai, dit-il (p. 257) — ce » qu'il ne fait nullement d'après son propre aveu de la » p. 329,— en me servant sur cette matière obscure des » recherches du savant Schoepflin, — tous ses auteurs » sont des savants, —qu'Albert n'étoit pas de la maison » de Louvain et qu'il ne tenoit à cette maison que par » sa grand'mère qui probablement en étoit, et par sa » mère qui étoit veuve d'un duc de Brabant. »

L'écrivain liégeois croit pouvoir fixer (p. 318) le mariage du duc Godefroid II à l'année 1139. Ce prince étant décédé en 1142 (ou 1143), il demande « comment » il seroit possible que dans l'espace d'un an, depuis la » naissance de Godefroid III jusqu'à la mort de son » père, Lutgarde eût pu encore avoir trois autres fils, » Albert, Henri et Hugues, qui, comme je l'ai démon- » tré, ajoute-t-il, étoient frères. »

Enfin, il reconnaît (p. 327), avec Butkens, que Godefroid II n'a eu qu'une seule femme, Lutgarde, sœur de Gertrude, femme de l'empereur Conrad III d'Allemagne, et de Berthe, mariée à l'empereur de Constantinople (Manuel Comnène), princesses qui appartiendraient à la Maison de Sultzbach et non à celle de Dasbourg, dont serait le second époux de la dite Lutgarde, Hugues V, que Schoepflin n'a pas connu et croit donc être Hugues IV (p. 327-328).

Cet Hugues V, découvert par le baron de Villenfagne (p. 328), aurait eu de son union avec la veuve de Godefroid II les trois fils cités plus haut : Albert, qui épousa Gertrude de Looz suivant la chronique de Saint-Trond (p. 332) et non pas, comme le pense Schoepflin, la fille de Herman III, marquis de Bade (p. 331); Henri et Hugues de Dasbourg-Moha (pp. 318 et 329).

Et voilà comment, par ce second mariage de Lutgarde avec Hugues V de Dasbourg, serait tranché *ce nœud gordien* comme il l'appelle (p. 327), « *d'une manière très-heureuse* ».

Ce serait en raison de cette seconde alliance de Lutgarde de Sultzbach, grand'mère paternelle du Guerroyeur, que ce prince aurait considéré Albert de Moha comme étant son oncle (p. 329) et que Gertrude, fille du même Albert, aurait été tenue par Richer (p. 326) pour la dernière héritière des Dasbourg. Ce serait également là le motif pour lequel le prince brabançon n'obtint rien de la riche succession dudit oncle (pp. 327 et 331).

Tel est, en substance, le résumé de la longue note du baron de Villenfagne.

Cette note nous prouve tout simplement que des lacunes existent dans les généalogies des Maisons souveraines susvisées, mais elle n'établit pas que *l'hypothèse* de Schoepflin ou les *conjectures* de l'auteur des *Essais critiques* se soient vérifiées ou confirmées par la mise au jour d'une charte inédite ou d'un témoignage contemporain. *Elle en admet seulement la possibilité.*

Toutes les généalogies anciennes offrent, d'ailleurs, des lacunes plus ou moins grandes, sur lesquelles il est facile d'épiloguer à perte de vue dans un sens ou dans un autre, mais il faut autre chose que des *conjectures* ou des *hypothèses* pour fixer un point d'histoire.

C'est confondre *autour* avec *alentour*.

La question qui nous occupe est autre. Il s'agit simplement du point de savoir, si Albert de Moha, d'après les données existantes de l'époque, est ou non le fils du duc Godefroid II de Lothier, donc le frère de Godefroid III et l'oncle paternel de Henri Ier de Brabant.

Ce point est nettement tranché par les preuves de Butkens, que confirment pleinement la *Chronica Hannoniæ* de Gislebert, le chancelier de Baudouin V de Hainaut, donc un témoignage de haute valeur, puisqu'il émane d'un écrivain contemporain d'Albert de Moha et de Henri le Guerroyeur, méritant quelque créance (Voir l'édition du marquis du Chasteler, parue en 1784, la seule que le baron de Villenfagne ait connue, pp. 217 et 228).

Butkens qui n'est certes pas infaillible, mais qui s'est spécialement occupé de l'histoire des ducs de Brabant, nous avait déjà fait connaître les menées de l'évêque de Liége pour la possession de l'alleu de Moha (*Trophées de Brabant*, édition originale, pp. 176 et 648) et l'altération voulue que l'on rencontre dans Chapeauville des mots *patrui sui* en *patroni sui* (*Ibid.*, p. 649).

Dans ses *Preuves*, p. 234, il cite d'abord les lettres d'Albert de Moha, tirées des chartes de Brabant et instituant pour héritier *son cher neveu*, le duc Henri. Ces lettres confirmées successivement par les deux empereurs d'Allemagne Philippe de Souabe, en 1204, et Othon IV, le gendre du Guerroyeur (*Texte*, pp. 168 et 648), débutent par ces mots : « *Ego Adelbertus, Dei*

» *gratia Comes Metensis et de Dasbovrgh* KARISSIMUM
» NEPOTEM MEUM DUCEM LOTHARINGIÆ », etc.

Les lettres de l'empereur Philippe, de l'an 1204, à son « *dilectus Consanguineus & Princeps noster Hen-* » *ricvs illustris Dux Lotharingiæ & Brabantiæ* », tirées des Registres de la même province, *Preuves*, p. 55, sont encore plus explicites, ainsi qu'on en peut juger par l'extrait suivant : « *Item concessimus ei omne* » *fœudum, quod* PATRUUS SUUS COMES ALBERTUS DE » DAGISPURG *de manu nostra & Imperio obtinet* », etc.

Notons, en passant, que ce document est le premier diplôme connu, dans lequel un empereur d'Allemagne donne au duc de Lothier les qualités de *duc de Lothier et de Brabant*. Butkens, p. 199, et Thomas de Rouck, *Nederlandtschen Herauld*, p. 235, signalent donc, avec raison, que Henri le Guerroyeur est le premier prince de la Maison de Louvain, qui prit ou porta le titre de *duc de Brabant* conjointement avec celui de *duc de Lothier*.

L'auteur des *Trophées* cite ensuite (*Ibid.*, p. 235) le témoignage d'Albéric de Trois-Fontaines, autre contemporain, qui dit Albert de Moha et son frère Hugues, surnommés *les faucons de Dasbourg* à cause du grand lustre de leur noblesse, être les fils du duc Godefroid II de Louvain ou de Lothier, donc les frères du duc Godefroid III, père lui-même du Guerroyeur et de saint Albert de Louvain, son frère germain. En voici un passage : « *Hic Albertus (Comes Dasbvrgensis et Domi-* » *nvs de Mvsal*—une des formes du nom de Moha—) » *& Hugo frater suus qui jacent apud Wangias* FILIJ » FUERUNT DUCIS LOUANIJ GODEFRIDI SECUNDI », etc.

Nous avons, enfin, le témoignage de Gislebert qui confirme de tous points les données précédentes, puisqu'il écrit (n. 285), p. 217 : « *Ducis autem Lovaniensis*

» *frater Albertus, in fratris sui Ducis Lovaniensis,*
» *& avunculi sui Ducis de Lemborch & ejus filiorum,*
» & PATRUI SUI COMITIS ALBERTI DE DANBORCH (sic)
» *spem suam posuerat* », et, un peu plus loin (n. 294),
p. 228 : « *Apud Wormaciam accessit Domnus Albertus*
» *Lovaniensis cum eis qui eum elegerant, & cum avun-*
» *culo suo Duce de Lemborch,* & PATRUO SUO ALBERTO
» COMITE DE DANBORCH & DE MUSAN », — une autre
forme du nom de Moha.

N'est-ce point concordant et probant que tout cela ?

Cependant, le baron de Villenfagne, qui a voulu faire
preuve de savoir ou laisser à la postérité toute la mesure
de sa mauvaise foi, s'autorise de certaines licences,
admises dans des cas déterminés, pour transformer dans
le texte de Gislebert, dont il donne une version française (*Recherches,* I, pp. 3o5 et 3o6), *patruus,* oncle
paternel, non plus en *patronus* comme Chapeauville,
mais en *parent,* et *avunculus,* oncle maternel, en *oncle
tout court,* donc également recevable dans les deux
acceptions.

Ceci est, l'on en conviendra, de la *falsification toute
pure.* Il n'y a pas d'autre terme à employer pour qua-
lifier le procédé de l'auteur des *Recherches.*

La simple probité et la saine logique veulent que l'on
se mette d'accord avec les documents historiques — à
moins qu'ils ne soient contradictoires — et non pas que
l'on altère et triture ces documents au profit d'une inter-
prétation arbitraire, résultant de lacunes que l'on n'est
point parvenu à combler. Agir autrement, c'est faire
dire à l'histoire tout ce qu'on veut qu'elle dise.

Nous savons que les mots *patruus* et *avunculus,*
quand ils sont employés isolément dans un document,
ont souvent, dans nos provinces, la même signification,
et qu'ils ne doivent donc pas toujours être pris dans un

sens trop étroit, trop strict. Nous savons aussi qu'ils sont même quelquefois usités pour désigner également le grand-oncle paternel ou maternel, le *patruus* ou l'*avunculus magnus*. Tous les savants sont d'accord là-dessus.

Un exemple de ces déviations nous est fourni par la charte de 1147 de Théodoric II de Hornes, qui appelle le comte Arnould II de Looz son *avunculus*, alors qu'il était son *patruus*. (Voyez les *Quelques notes sur les princes de Looz-Block*, p. 47.) Cela vient de ce qu'en français et en flamand il n'y a qu'une seule appellation pour indiquer l'oncle paternel ou maternel.

Mais quand, dans un même texte, à une ligne d'intervalle et à deux endroits différents de ce texte, l'on rencontre, comme dans Gislebert, les deux termes de *patruus* et d'*avunculus*, appliqués chacun à un personnage distinct, et le même terme servant à désigner chaque fois le même individu, l'on voudra bien nous accorder que le chancelier de Baudouin V a entendu donner à chacun de ces mots la signification qui lui est propre.

Il n'y a donc ni erreur ni doute possible. D'après les documents contemporains, Albert de Moha est bien un prince brabançon. Il était, de l'aveu même de l'empereur Philippe de Souabe et du chancelier du comte de Hainaut, *l'oncle paternel* de Henri le Guerroyeur, qui était *son neveu*, comme le veulent ses propres lettres. Il était également, avec son frère Hugues, d'après Albéric de Trois-Fontaines, *le fils* du duc Godefroid II, donc *le frère* du duc Godefroid III, *père lui-même du Guerroyeur*.

Il y a plus : on voit, par ce dernier témoignage, que la mère d'Albert de Moha a eu, au moins, trois fils du duc Godefroid II, et que le puîné, ledit Albert de Moha, étant devenu comte de Metz et de Dasbourg, a pu hériter ces comtés du chef de celle-ci. Cette présomption se change bientôt en une quasi-certitude, pour peu que l'on veuille examiner la filiation et les alliances antérieures de la Maison de Louvain, et l'on peut donc présumer, avec raison, pour ces motifs et ceux allégués par Butkens, p. 112, que Lutgarde était une princesse de la Maison de Dasbourg, dont les deux fils, Albert et Hugues, *les faucons de Dasbourg*, furent les principaux héritiers, et non pas une princesse de la Maison de Sultzbach, alliance qui ne repose sur aucun fondement sérieux (*Trophées*, p. 113).

Butkens ne donne pas l'époque du mariage de Godefroid II, que le baron de Villenfagne, avec d'autres écrivains, fixe à l'année 1139. Cette époque a pour elle l'opinion courante, basée sur une histoire en vers des guerres des sires de Grimberghe contre les ducs de Brabant.

Le consciencieux auteur des *Trophées* a longuement réfuté (p. 118 et suivantes) cette prétendue relation du soulèvement de ces seigneurs contre l'autorité ducale, à la mort de Godefroid II. Les Berthout, au contraire, témoin les chartes du temps, donnèrent de multiples preuves de leur fidélité à la Maison de Louvain.

Cette histoire rimée n'est donc qu'un simple conte, *composé à l'époque où il y avait des ducs de Brabant* (1), une légende si l'on veut, romanesque comme toutes les

---

(1) L'épopée de Grimberghe pourrait fort bien avoir été tirée de l'histoire d'Érope ou Æropus, roi de Macédoine.

Ce jeune prince ayant succédé à son père le roi Philippe Ier, dans un âge très tendre, les Illyriens en profitèrent pour attaquer ses États (598 ans avant J.-C.). Son armée battue dans une première rencontre, l'Enfant-roi fut porté devant le front des troupes afin de ranimer le courage de ses soldats, qui défirent alors complètement l'ennemi. (Voir Ladvocat, *Dictionnaire historique*, nouvelle édition, La Haye, 1754, I, p. 466.)

légendes, mais ne reposant sur aucune base historique. Au surplus, l'histoire du berceau contenant l'enfant ducal, suspendu aux branches d'un saule qui s'élevait sur le champ de bataille, à Ransbéek, imaginée pour corser le récit, et celle des guerriers appelés à la défense de ce frêle et précieux dépôt, fourmillent de renseignements erronés, de données impossibles, au point de ne pouvoir résister un instant à la critique sans s'écrouler entièrement.

Il en résulte donc, que l'âge d'un an qu'aurait atteint le duc Godefroid III au décès de son père, et ses conséquences : le mariage tardif de Godefroid II, et l'impossibilité dans laquelle se trouverait son fils d'avoir eu deux, si pas trois frères germains plus jeunes que lui, tombent d'elles-mêmes.

Pour les partisans de la légende quand même, il faudrait admettre, en effet, pour la concilier tant soit peu avec l'histoire, que Godefroid III eût eu deux frères jumeaux, qui l'eussent suivi de près, et un autre frère né après la mort de son père, ou bien le contraire.

Butkens ajoute (p. 122) : « Venons maintenant aux
» actions mesmes de nostre Duc Godefroy (Gode-
» froid III), par lesquelles on descouurerat asses notoi-
» rement, qu'à la mort de son père il n'at pas esté si
» jeune comme on nous l'at dépeint, voir il apparoistrat
» asses clairement qu'au temps de ceste bataille il estoit
» ja capable à faire des donnations, porter sentences &
» jugements, & assister aux courts & assemblées des
» Princes. »

Quoi qu'il en soit de ces preuves flagrantes, et malgré les chartes que cite Butkens à l'appui de sa réfutation ; malgré l'appel qu'il fait au jugement et au bon sens des historiens, tant il est vrai, comme il le constate, p. 119, que « c'est l'ordinaire du peuple, qu'estant

» vne fois attaché à quelque fable, que difficillement
» on le peut arracher & l'en tirer arrière », Théodore
Juste (*Histoire de Belgique*, édition Jamar, livre III,
chap. III, p. 94-95) a préféré suivre la fiction poé-
tique du berceau, en grand crédit comme l'on voit chez
les masses populaires, et adoptée, en partie tout au
moins, par le baron de Villenfagne. Moke, dans son
Abrégé de l'Histoire de la Belgique, 8e édition, p. 60,
la suit également, quoique avec moins de conviction.

Mais revenons au duc Godefroid II.

Il est certain que ce prince était déjà marié en 1138,
à l'avènement de l'empereur Conrad III, son beau-
frère, dès lors grandement affectionné aux intérêts de
la Maison de Louvain, car il s'empressa de confirmer
à Godefroid le Barbu, ainsi qu'à son fils le futur Godefroid II et à ses successeurs, le duché de Lothier et le
marquisat d'Anvers (*Trophées*, p. 105), qui les élevaient au-dessus des autres princes de la Basse-Lorraine.

Il est non moins certain que Godefroid II succéda à
son père en 1140, étant entré dans la quarantaine au
moins, âge résultant du consentement de ce prince et
de son frère Henri à une charte de leur père, donnée
en faveur de l'abbaye de Forest, dès 1110 (*Ibid.*, p. 111),
et qu'il mourut à la fin de l'année 1143 d'une maladie
du foie (*Ibid.*, p. 112), que l'on rencontre généralement
chez des sujets d'un âge plutôt mûr.

Si l'on considère enfin, que Godefroid II était l'héritier du trône ducal; que son père Godefroid le Barbu
atteignit un grand âge (*Ibid.*, p. 106), ayant fourni un
règne de quarante-cinq ans (1), alors qu'il succédait

---

(1) Quarante-cinq ans comme comte de Louvain et trente-quatre comme
duc de Lothier.

déjà lui-même à son frère le comte Henri III de Louvain, monté sur le trône entre 1073 et 1086 (*Ibid.*, pp. 85 et 88); que sa sœur Aleide épousa le roi Henri Ier d'Angleterre, vers 1118 (*Ibid.*, p. 108), et que sa plus jeune sœur Ide fut unie au comte Arnould de Clèves, vers 1128 (*Ibid.*, p. 109), l'on concluera facilement de l'ensemble de ces circonstances, que son propre mariage avec Lutgarde de Dasbourg doit plutôt être fixé vers ces deux dernières dates qu'en 1139.

Il en résulte donc que ce prince a pu laisser à son décès, en 1143, plusieurs enfants dont tous les noms même, comme le pense Butkens (p. 114), ne nous sont pas parvenus.

Ajoutons à ce qui précède, que ce n'est certes pas parce qu'Albert de Moha succéda, par sa mère, aux comtés de Metz et de Dasbourg, et que sa fille Gertrude en fut la dernière héritière (des Dasbourg-Moha de la seconde race), qu'Albert de Moha ne serait pas un prince de la Maison de Louvain, ainsi que l'établissent indubitablement les documents et témoignages contemporains.

Dans la Maison de Looz, nous voyons également un fils puîné, le prince Louis, succéder en 1271 au comté de Chiny, qu'il tenait du chef de sa mère, la comtesse Jeanne, tandis que le comté de Looz était réservé au fils aîné, le prince Jean, qui y succéda deux ans plus tard, à la mort du comte Arnould IV, survenue en 1273.

De nos jours encore, combien d'exemples n'avons-nous pas de semblables successions?

N'est-ce point par Marie-Thérèse que la Maison de Lorraine obtint le trône des Habsbourg, dont elle adopta le nom en l'accolant au sien? Et n'en a-t-il pas été de même avec les trônes de Russie, de Grande-Bretagne, d'Espagne et de Portugal, dévolus par les femmes aux Maisons actuellement régnantes?

Enfin, Butkens nous fait connaître (pp. 176, 191, 648-649 et 650-651) les motifs pour lesquels Henri le Guerroyeur, malgré sa qualité d'héritier le plus proche et nonobstant la première décision d'Albert de Moha, approuvée par les empereurs Othon IV et Philippe de Souabe, n'hérita pas des possessions de son oncle, qui allèrent, pour une grande part, aux évêques de Metz et de Liége, prélats obéissant aux mêmes inspirations, l'agrandissement et le développement de leur pouvoir temporel (1).

Que reste-t-il de tout l'échafaudage élevé à grand' peine par le baron de Villenfagne, si ce n'est l'admission éphémère de quelques erreurs historiques, qui devaient tôt ou tard être rectifiées ?

Nous pouvons donc dire qu'ici également, et comme toujours, l'écrivain cher à MM. Wauters et de T'Serclaes, a altéré *sciemment* la vérité au profit de sa thèse, celle des évêques et du grand chapitre de Liége.

Et nous concluons de tout ceci, que c'est presque toujours par le dol et par la fraude, appuyés de violences à main armée, que la ci-devant Église de Saint-Lambert, qui aimait à se proclamer elle-même la fille aînée de l'Église, a patiemment arrondi ses domaines au détriment des princes et seigneurs voisins. Ses titres donc, comme le proclama l'Université de Göttingue en 1795, et tout au moins en ce qui concerne plus spécialement le patrimoine des anciens comtes de Looz furent des plus illégitimes et ne peuvent être invoqués à quelque point de vue que l'on se place.

---

(1) Ce n'est qu'en 1298, à l'avènement de l'empereur Albert Ier d'Allemagne, que la Maison de Brabant recouvra définitivement ses droits sur le comté de Dasbourg ou Dagsbourg. (Voir Butkens, règne du duc Jean II, le Pacifique, *Texte*, p. 348; *Preuves*, p. 135-136.)

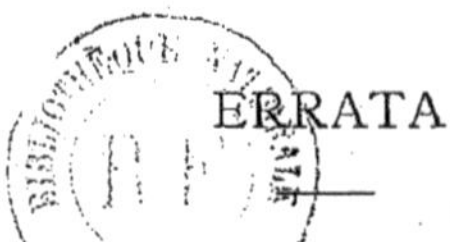

ERRATA

Page 12, note 3, ligne 5, lire *presque un enfant* et non *presqu'un enfant*.

Page 19, note 2, ligne 9, ajouter une virgule après *faits*.

Même note, ligne 12, lire *comte en Hesbaye*.

Page 34, note 2, ligne 15, lire *Château-Étienne*.

Page 48, note 1, ligne 2, ajouter un point après *XVIᵉ siècle*.

Page 50, ligne 27, lire *Ces chapelles* et non *Les chapelles*.

Page 60, note 1, ligne 4, ajouter un point après *Révolution française*.

Page 76, note 1, ligne 4, lire *authentiqués* et non *authentiques*.

9 782016 161661